Grief
悲痛

關於生命逝去的哲思
A Philosophical Guide

邁克爾·喬比 ●
Michael Cholbi
柯清心———譯

死亡最大的祕密，或許也與我們關係最深的是：當我們失去所敬愛的人時，死亡不僅使我們受傷，同時也昇華了我們對逝者與自我的認識。

　　──萊納‧瑪利亞‧里爾克（Rainer Maria Rilke）致絲素伯爵夫人（Countess Margot Sizzo-Noris-Crouy）信（1923年）

目錄

謝辭

　　由於哲學的歷史源遠流長，所有哲學家幾乎都免不了借鑑諸多前輩，然而悲痛的議題在哲學範疇中相對屬於非主流，因此我在撰寫本書時反而格外享受，我在「荒野」中開疆闢土，而非縛手縛腳地待在平常的領域裡；我可以盡情發揮並闡述自己的想法，不必老是被迫與無數對話者的觀點做思辨。

　　話雖如此，我仍借用了許多當代同儕的才華與力量，來周全自己的思維，協助本書結出善果。以下人士協助本人探討悲痛相關之哲學問題，令我受惠良多：David Adams、Mahrad Almotahari、Roman Altshuler、Kathy Behrendt、約翰・丹奈爾（John Danaher，編按：愛爾蘭國立大學高威分校資深講師，《人工智慧來了！身為公民您該知道什麼？》〔五南圖書出版，2023年〕作者之一）、John Davis、Guy Fletcher、James Kruger、Hugh LaFollette、Cathy Legg、Berislav Marusic、Sean McAleer、丹・莫樂（Dan Moller，編按：美國馬里蘭大學哲學系教授，《巴哈與我深刻理解的喜悅：當哲學教授愛上巴哈的「C小調賦格曲」，從此開啟了一段自學鋼琴的音樂旅程》〔商周出版，2021年〕作者）、Emer O'Hagan、Amy Olberding、Erica Preston-Roedder、Ryan Preston-Roedder、Matthew Ratcliffe、Michael Ridge、Peter Ross、Katie Stockdale、Patrick Stokes、Dale Turner以及Jukka Varelius。Cecilea Mun根據我的初稿，組織了一場由情緒哲學會（Society for the Philosophy of Emotion）贊助的作者與評論家見面會。Aaron Ben Ze'ev、Purushottama Bilimoria、Dave Beisecker、Carolyn Garland以及Travis Timmerman在會中提出了深入的評論。

　　書中提出的許多想法及論點，得益於公開演講及研討會的回饋，非常感謝加州州立理工大學波莫納分校（Cal Poly Pomona）、迪肯大學（Deakin University）、黑斯廷中心（Hasting Center）、庫茨敦州立大學（Kutztown State University）、西方學院（Occidental College）、雷德蘭茲大學（University of Redlands）、薩斯喀徹溫大學（University of Saskatchewan）和土庫大學（University of Turku）的聽眾提出的深刻問題與回饋。我還要感謝許多專業會議中與會者所提供的協助，包括南卡羅來納大學（University of South Carolina）的三河哲學會議（Three Rivers Philosophy Conference，2013年）、南加州哲學會議（Southern California Philosophy conference，2013年）、西密西根醫學人文會議（Western Michigan Medical Humanities Conference，2014年）、孟菲斯大學（University of Memphis）精神疾病與權力會議（Mental Illness and Power Conference，2014年）及美國哲學協會太平洋分部會議（American Philosophical Association Pacific Division Meeting，2016年）。

　　本書相關研究獲得美國國家人文基金的教師獎贊助（獲獎編號#HB-231968–16），凱瑟琳・希金斯（Kathleen Higgins，編按：美國德克薩斯大學奧斯汀分校哲學系教授，《寫給所有人的簡明哲學史》〔麥田出版，2007年〕作者之一）及Scott

LaBarge慷慨寫信支持我申請該獎項。加州州立理工大學波莫納分校以教師研究、獎學金、暑期創意活動補助金（2014年）及教師年休（2015年）的方式支持本書的撰寫。

　　謝謝普林斯頓大學出版社（Princeton University Press）的Matt Rohal幹練而熱心地在整個編輯過程中提供指導。

　　謹以本書獻給我的父親Michael Cholbi（1926-2012），父親不以言說，卻教會了我悲痛的真諦。

導言

　　悲痛（grief，編按：又稱喪慟，指因他人死亡而產生的情緒活動）往往能吸引富創意或好奇的心靈：他人逝世所造成的情緒波動，是最早的文學作品之一、四千年前蘇美文明的《吉爾伽美什史詩》（*Epic of Gilgamesh*，譯註：世上已知最古老的英雄史詩；是一部關於蘇美三大英雄之一，吉爾迦美什的讚歌）的核心議題。荷馬（Homer）的《伊里亞德》（*Iliad*）中，不時出現有關悲痛、葬禮及社會聲譽的爭論。世上幾乎所有文學傳統裡，都有與悲痛或悼念相關的詩歌，無論是輓歌或是負嵎頑抗的作品。莎士比亞（Shakespeare）筆下有許多人物，皆為悲痛而苦。事實上，近年來對於悲痛的文化興趣，似乎有日漸升溫的趨勢；悲痛成了無數個人回憶錄、串流平台電視劇、播客、圖像小說及電影的焦點。對於傾向使用科技的人而言，現在也有幾款手機應用程式，能協助使用者理解或應對他們的悲痛情緒。

　　這些事實證實了人類對悲痛的強烈興趣，可是若從鑽研悲痛議題的哲學家人數來看，感興趣的人似乎不多；因為在哲學史上，悲痛只扮演了一個小角色，著名的哲學家僅於著作中略

為著墨，而持續予以關注的人更是鳳毛麟角。[1]即便是那些認為哲學是一種務實的追求、是獲得幸福的智慧法門的哲學家，也鮮少討論到失去所愛所帶來的悲痛問題，雖然這是我們生命中最舉足輕重，也最具決定性的經驗之一。

幾乎每項議題都有其專屬的「哲學」。哲學家幾乎從基礎上研究過所有的學科（化學哲學、經濟學哲學、歷史哲學等）、近乎所有的專業領域（醫學哲學、教育哲學、商業哲學等）、許多社會發展面向（人工智慧哲學、太空探索哲學、電子遊戲哲學等），以及我們主要的社會認同類別（種族、性別、性取向等）。以此角度觀之，哲學家們對悲痛議題的忽視，或許並非巧合：因為不是每個主題都值得從哲學上深究，而且悲痛在哲學上並不那麼有趣，所以哲學家對悲痛也較意興闌珊。

本書的目的之一，是要闡明這種狀況的失當。從哲學的角度來看，悲痛其實**非常**有意思；但若是如此，哲學家為何對這個概念相對沉默？悲痛是公認具有挑戰性的話題，需要以清醒、學術的方式深究。悲痛似乎很難理解，因為情緒複雜，且看似不按常理出牌。除此之外，為了理解悲痛，我們必須面對人類生命中，某些更令人不安的狀況：我們的情緒有時很難理解或應對；我們在乎的人生命有限；由於這種有限，我們與他人的關係，既是安全感和可預期性的來源，也是種威脅。因此，悲痛中蘊含許多令人畏懼之事，探究悲痛亦然。

然而在我看來，哲學家們在研究悲痛時，往往自帶特定的

假設，這些偏見使得他們與悲痛產生愛恨交雜的關係。由於這些假設，哲學家把眼神轉向悲痛時，往往只看到滿眼的尷尬，甚至是恐懼；因為對這些哲學家而言，悲痛固然無法避免，但它代表了人類最不堪的狀況：混亂、赤裸且可悲。

　　古地中海地區的哲學家，對於悲痛普遍感到反感。比起我們這些常將悲痛視為尚可忍受或不足一提的現代哲學家，希臘與羅馬的哲學家們，對悲痛的態度可要嚴酷多了。對這些哲學家而言，為他人的亡逝悲痛，是一種不懂節制、一種過度依賴他人的象徵，有德的君子不該欠乏理性的自我控制。根據影響深遠的羅馬醫學家蓋倫（Galen，譯註：古羅馬的醫學家及哲學家）的說法，悲痛源於對事物或人的過度渴望或貪念。蓋倫認為，最好能擺脫這類渴望，莫要喪失對自身情緒與行為舉止的控制。[2]在他的詮釋中，悲痛是柔弱而可悲的。[3]

　　柏拉圖（Plato）的《理想國》（*Republic*）中，蘇格拉底（Socrates）認為君子雖為失去所愛而悲痛，但仍堅持君子應以悲痛為恥，在公開場合須儘量自我克制。蘇格拉底聲稱，悲痛是一種「疾病」，需要的是「醫藥」，而非「哀嘆」。[4]蘇格拉底認為志向遠大的政治領袖，不該成為詩中所描述的「悲不自勝的權貴」，因而任何寫到君子悲痛難抑場景的詩作，都應受到審查，因為悲痛是女人和「不入流者」的專屬。[5]後來在《斐多篇》（*Phaedo*，譯註：柏拉圖的第四篇對話錄，內容為蘇格拉底飲下毒藥前的對話）動人的死亡場景中，斐多坦承道，他和蘇格拉底其他友人，雖勉強控制住心中的悲痛，可是

當蘇格拉底舉起那杯毒參放到自己唇邊時，他們的情緒卻再也繃不住了，淚水與悲哭齊湧：「我用斗篷裹住自己的臉，兀自痛哭；我不是為他而哭，而是為自己痛失一位至友而哭。」蘇格拉底訓斥眾人：「你們這些奇怪的傢伙，這是在做什麼！我讓婦道人家離開，就是怕她們做出這種詭異的舉止。」[6]

史高特·拉貝奇（Scott LaBarge）解釋道，秉持這種傳統的作家，雖瞭解悲痛是一種自然狀態，但「傾向於把自己的悲痛——無論是過去或現在的——視作懦弱的表徵，必須予以克服，或矯正這種錯誤。」[7]就這點而言，斯多葛學派哲學家塞內卡（Seneca，譯註：古羅馬斯多葛派哲學家、劇作家、自然科學家、政治家等）的說法就非常典型：「失去好友時，莫讓我們的眼睛乾涸，亦莫讓其湧淚。我們可以飲泣，但切莫悲號。」[8]

不要以為，這種對悲痛的反感是「西方」獨有的思維，在中國道家哲學家莊子的作品中，也看到這類的宛轉表達。莊子宣揚安然接受包括死亡在內的無常，在一段知名的寓言故事中，惠施前往弔唁喪妻的莊子，卻見理當悲痛難抑的莊子鼓盆而歌：

惠施曰：「與人居，長子老身，死不哭亦足矣，又鼓盆而歌，不亦甚乎！」
莊子曰：「不然，是其始死也，我獨何能不慨然？察其死而本無生，非徒無生也而本無形，非徒無形也而

本無氣[9]……變而有氣，氣變而有形，形變而有生，今又變而死之，是相與為春秋冬夏四時行也。人且偃然寢於巨室，而我嗷嗷隨而哭之，自以為不通乎命，故止也。」[10]

老實說，莊子的寓言，並不似柏拉圖及其他古地中海地區的哲學家那般刺耳，而且在某種程度上，莊子的說法相當合理：我們不應忘記，至愛的離世有如四季更迭，皆無可避免。然而莊子亦將悲痛視為衝動之舉，是因為我們忘了「命有生死」的結果。莊子與古希臘、古羅馬人一樣，要讀者**凌駕**悲痛，並提醒自己：我們雖為逝者悲痛，但生生死死不過是自然大迴圈中的一環。莊子的寓言雖未**貶抑**悲痛，卻將之歸於我們過於執著短暫多變的事物，而非專注於長久不變之事上，所帶來的諸多煩惱。莊子與古希臘、古羅馬人一樣，認為悲痛是無知的結果，我們會悲痛（或悲痛欲絕），是因為我們未能將大千世界及人類在其中的分位牢記於心。因此悲痛反映了喪慟者的不堪，顯露其人性的短處，而非展現他們最完好或最真實的本性。

請注意，這些哲學家對悲痛的反感，並非出於不願面對死亡；事實上，這些傳統哲思，強調我們需要哲學的智慧，來為**自己**的死亡作準備。蘇格拉底甚至宣稱，哲學不過是為死亡所作的準備。不過令這些哲學家對悲痛產生戒心的是，悲痛凸顯出人類之間的相互依賴，以及面對他者死亡後伴隨而來的脆弱不堪。死亡令我們震驚，不是因為如莊子所指，我們不懂生命

的有限。[11]我們悲痛，不是因為我們不懂生而有涯；而更像是明知難免一死，仍忍不住為此悲痛。

————

根據這套哲學傳統，悲痛是一種恥辱的來源。若是如此，耽溺在這種自曝其短的不堪中，而不設法成為自給自足、堅強剛毅，以及不會、也不需要悲痛的人，根本就說不過去。在這套傳統思維裡，悲痛是一種應該克服的個人缺陷，而非需要深究的哲學問題。

現在的哲學家似乎不認同古時以悲痛為恥的想法；儘管如此，在最近一則哲學家**無可**避免的喪慟案例中，他們顯然很猶豫過於公開地認可悲痛，或將悲痛用來作公開的哲學檢視。

1960年夏季，六十一歲的英國作家及神學家路易斯（C.S. Lewis）事業正隆，聲譽卓著。他在六年前，開始擔任劍橋大學新成立的中世紀及文藝復興時期文學首任講座教授。1940年代初，倫敦不斷遭受納粹轟擊時，路易斯在BBC的廣播節目，被出版為《純粹基督教》（*Mere Christianity*）一書，另外還有《奇蹟》（*Miracles*）、《痛苦的問題》（*The Problem of Pain*）等評論，以及使路易斯成為世上最重要的基督教代言人的使徒書信體小說《魔鬼家書》（*The Screwtape Letters*）。他的童書作品亦廣受歡迎，其系列小說、七集《納尼亞傳奇》（*The*

Chronicles of Narnia），最終銷售超過一億本。

然而他的事業成就，不久便與個人生活的變動起了衝突。

四年前路易斯與美國詩人喬伊・戴維德曼（Joy Davidman）結婚，他深受對方的才華吸引：戴維德曼的詩作曾贏獲許多獎項，並為十戒（Ten Commandments）寫過一部學術註疏，由路易斯為其寫序。可是兩人的愛情不僅限於智性，路易斯寫道，喬伊「曾是我的女兒、母親、學生及老師，她是我的子民，也是我的統治者……是我信賴的同袍、朋友、船員與戰友。」兩人結婚數個月後，喬伊摔斷了腿，在治腿時發現她患了癌症。診斷結果，更加深了路易斯對她的愛。1957年喬伊的癌症進入緩解期，至1959年復發，這段期間似乎是路易斯成年後最快樂的一段時光。1960年四月，喬伊與「傑克」（Jack，與路易斯相熟者都如此稱呼他）去希臘度假，實現喬伊看愛琴海的畢生心願。

然後喬伊於七月十三日去世了。

傑克・路易斯不是沒有經歷過人生變動：他的父母都死於癌症，母親在他九歲時便離世了。傑克在青少年時，從愛爾蘭搬到倫敦，目睹了第一次世界大戰；在成年之初，他放棄又重拾對基督的信仰，並收養了倫敦大轟炸期間撤離的孩童。

然而按他在喬伊去世後所寫的日記來看，傑克在毫無心理準備的狀況下，深陷在自身的悲痛之中。[12]

淚水與哀傷雖令傑克尷尬，但至少他能預期得到。他未能料到的是「悲痛竟與恐懼如此相似」。[13]他也沒想到悲痛竟然

還包括了微醉的感覺（像「腦震盪」似的）、心神渙散與意興
闌珊（「我發現很難聽得進任何人說的話……根本提不起一丁
點興趣。」），或孤立與疏離感（「世界與我之間，像隔了一條
隱形的毯子。」）。也沒有人警告他，悲痛會引發倦怠感或讓
人變得「懶散」。

> 我不想花半分力氣，不單是寫作，我連讀一封信都嫌
> 費事，甚至懶得刮鬍子。我的臉頰是粗糙還是平滑，
> 如今還有所謂嗎？[14]

悲痛讓傑克對自己感到陌生，覺得身體不屬於自己，而這個
「空掉的房子」最能強烈地感受到喬伊的離去。[15]與喬伊共享的
基督信仰，使他和喬伊深深契合，但信仰似乎無法幫助傑克在
喬伊離世後，找到自己的方向。喬伊離開後，反倒引發了傑克
在三十年前信仰天主以來，唯一的一次信仰危機。「話說，」
傑克問，「上帝在哪裡？」[16]

　　對於路易斯的鐵粉來說，《卿卿如晤》（*A Grief Observed*）
前幾章裡的傑克·路易斯，也許讓人跌破眼鏡。讀者恐怕未能
料到喬伊的死，會讓路易斯這位言詞犀利、赫赫有名的知識分
子及基督教辯惑學者，變成一位惶惶不安、頭腦混沌、信仰搖
擺、心智渙散、自我意識混淆的人。路易斯的悲痛也許令讀者
吃驚，他掙扎著求助他處以撫平哀傷：「向死亡投降，向日日
死去的野心與願望投降，向行屍走肉般的肉體投降，最後向你

的每一絲生命投降。」[17]

路易斯本人於三年後去世，在這段期間，他考慮該不該出版這些記錄了他喪慟經驗的日記。基於一些不明原因，路易斯不太願意與這些日記有所牽扯，於是他想到一個折衷辦法，在這些日記寫成一年後，以《卿卿如晤》之名出版，但用的是筆名克萊克（N.W. Clerk），並以「H.」稱呼喬伊。

我們無從確知路易斯何以害怕出版喪慟的日記。身為一名受過訓練的哲學家，路易斯無疑精通之前所提及的哲學傳統；該傳統認為，悲痛是一種必須克服的窘境。我們可以從《卿卿如晤》一書中，以及路易斯決定在死後以筆名出版一事，窺探到這一點。他在私下雖無法躲避悲痛，卻在**公開**生活中迴避掉了。因為等後來讀者發現到傑克的悲痛逾恆時，路易斯的死，已使他不必受到公眾的審視了。從這個層面來看，路易斯的一生，體現了傳統哲學家對悲痛的反感：無論悲痛私底下具備什麼重要的意義，但實在不適合作為一門公眾哲學的議題。

悲痛為何會引發羞恥感？我們有沒有可能認識到，悲痛有時雖然會**造成**羞恥感，但其實沒有必要感到羞恥，那只是反映出我們對悲痛的誤解，以及悲痛所呈現的我們罷了？

迴避悲痛這個可持續探究的議題，哲學家便不用面對，關於我們有什麼可能性、喜歡什麼，這些深植的觀念的有力反例了。諷刺的是，這些觀點妨礙了對悲痛作全面性、非教條式的哲學探究。畢竟，**如果**我們接受了悲痛並不妥當、須予以避免的觀點，它才會顯得丟臉，不值得哲學的青睞。但我們應該接

受這些觀點嗎？不避諱地持續關注悲痛本身，很可能會對這些觀點起疑。換言之，仔細審視悲痛，不僅會消弭對它的反感，更會動搖普世認為「悲痛不值得作哲學的探討」的觀點。終歸來說，我們避開了我們懼怕的事物。哲學傳統似乎擔心悲痛會曝露太多人性，特別是，若拿出哲學家鑽研其他主題的態度，去研究悲痛，很可能會揭示出許多人所畏懼的事——瞭解到我們無法、也不應該完全克服人的極限、脆弱與相互依賴。

———

對我而言，轉化悲痛並非天大困難的事。我自己也有喪慟經驗，雖然傷心難過，卻不至煎熬難忍。傑克‧路易斯對喬伊之死的悲痛，顯然比我經受過的任何情況都更慘烈。

好的哲學能給人帶來勇氣，且相當實用，但長久以來規避悲痛的哲學，則兩者皆失：因擔心對人的境況提出尷尬的問題，而逃避悲痛議題，並非勇敢之舉；而對我們面臨的、最關乎人性與影響人生的事件之一，故意視而不見，也不務實。哲學最大的用處之一，便是協助我們度過生命中令人困頓的轉折點：長大成熟、為人父母、戀愛、年老、死亡。有鑑於此，哲學對悲痛的無視，實在有些說不過去，我們應該可以處理得更為妥善。

哲學家多半忽略悲痛這一議題的事實，並不表示對悲痛作哲學探討，會毫無裨益。你也許會懷疑，就我們對悲痛的認

識，哲學能有什麼重大的貢獻？因為其他學科與專業，已經關注過這個議題了，也許我們需要的是悲痛指南，而不是悲痛的**哲學**指南。

我當然不認為哲學在理解悲痛上，有獨占的地位，但哲學所扮演的重要角色，亦非其他學科或專業領域所能達到的。

例如，心理學家及精神科醫師對悲痛做過詳盡研究，我在本書中，將經常參照他們的成果，因為哲學家對某些現象所作出的結論，至少應該符合其他學科對相同現象提供的最佳證據。哲學不必跟其他學科提供的答案競爭，但倒是可以談論其他學科吝於回答的問題，因此對於悲痛的哲學理解，應與心理學家等，對喪慟經驗的發現相符。然而基於兩種原因，心理學可能無法針對我們對悲痛會有的某些疑問，提出令人信服的答案。首先，心理學研究的是人類心智的運作方式──「我們腦裡」想什麼。我會在書中大量探討悲痛的心理狀態，但僅將其視為純粹的精神現象，會枉顧悲痛所涉及的非精神狀況。我們會發現，悲痛源自我們對他人的依賴，以及我們對自己的過往與未來的依存。因此，悲痛與**我們如何與外面的世界相應**有關，僅從心理學去處理，可能有所不足。其次，心理學旨在成為一門敘述性學科、發掘主宰我們思想與經驗的規律，但我們對於悲痛的許多疑問，本質上無法描述，它們反而是道德上的問題：關於我們為何應該關注悲痛，是否應該慶幸（而非排斥）自己能有悲痛的經驗，或悲痛是否為道德義務。這些問題，本質上都是哲學的。

　　同樣地，為處理生命的問題，我們會先尋求的資源往往是醫事人員，因此我們也許會希望藉由尋求心理健康專業人士，來回答與悲痛相關的問題。近幾十年來，我們目睹了悲痛諮商產業的爆炸性成長。本書的目的當然不是要貶斥悲痛諮商；許多陷入悲痛中的人，確實能從中受惠，但我們遇到的悲痛「治療挑戰」，本質上未必是醫學的。[18]之後我會提出明確的觀點（第七章），說明為何不該將悲痛視為醫療問題。但目前只需說，悲痛帶來的某些挑戰，是「生命的問題」，這些問題的出現，並不是因為我們的生活偏離了，而是因為人類生命注定會遇到特定的困境；我們在遇到那些困境時，往往會求助於哲學。

　　文學和藝術無疑也能在悲痛議題上給予我們啟發。[19]本書引用許多闡述悲痛的回憶錄，以及其他詮釋悲痛、讓我們有非文學理由去接納悲痛的文學作品。可惜並沒有單一藝術作品，能夠完整地闡明悲痛的細微差異。其中一個原因是，這類作品幾乎僅聚焦於單一故事。如果這類故事，能呈現出普遍的喪慟經驗，我們便能深入瞭解悲痛，可是它們若相對迥異，就很可能會產生誤導。還有別忘了，文學和藝術著重戲劇張力，可能會為了誇大故事中悲痛的慘烈或煽情程度，而犧牲掉一般較為「健康」的悲痛狀態。[20]莎士比亞的《哈姆雷特》（*Hamlet*）便是活生生的例子，展現出悲痛既無可迴避，又神祕難解。可是（幸好）只有一部分的失者（bereaved people），最後會想到自殺（哈姆雷特似乎便有此意），且僅有更少部分的人，會出現

暴力行為。

網路上的部落客圈裡，也充滿了如何面對悲痛的建議，但大部分都與藝術性的描繪有著同樣缺陷，僅以部落客自身的經驗出發，而忽略掉對該議題的大量科學研究。其他案例中，網路資源使用了無新意、缺乏哲學精神的療癒用語──「解脫」、「療癒」和「旅程」，愈發使悲痛這團謎霧晦澀難懂。

整體而言，悲痛是一個嚴肅的議題，值得認真對待，但我們甚少受鼓勵去**理解**何為悲痛。我會在其後的第三章中詳加描述，除了涉及痛苦的情緒外，悲痛也因為常令人困惑無措，而變得更加難以處理。我們在悲痛中，似乎常無法領會自己究竟出了什麼事，可以的話，哲學能提供我們這方面的理解。

事實上，那種理解需要一套悲痛的哲學**理論**。如果「理論」這個詞彙令你脊骨發涼，請放心，我並不算長篇大論。我們若想瞭解悲痛，便需瞭解悲痛的各個面向，既要考慮不同喪慟經歷的共通點，也要考慮它們之間的差異性。一個好的理論，能整合我們對某項領域的認識，讓我們瞭解這些不同面向的知識如何相互交織。我們對悲痛的議題雖有許多哲學性的洞見，但對我而言，尚無一套發展完善的理論。希望本書提出的理論，能使我們認清悲痛，既看出它的局部，也廓清悲痛的整體。

不過讀者仍可能懷疑，悲痛的哲學理論，能減輕他者離世造成的**情緒**混亂。老實說，對悲痛的深厚哲學理解，或許能減輕他人亡故帶來的困惑，但對於他者離世的痛苦，卻相當無能

為力。最重要的是，我們遭逢他人死亡時想尋求的是撫慰
（comfort），但哲學卻不太可能撫慰我們。

明白地說，幾乎可以肯定的是，即使是最出色的悲痛哲學
理論，也無法解決經歷他者離世所帶來的每項挑戰。但我們不
該輕忽瞭解悲痛對調節情緒的起伏，有多麼重要。與其在似是
而非的陳腔濫調中尋求撫慰，還不如瞭解悲痛的真貌。畢竟每
個人都希望能活在真實裡，無論真相有多麼令人不快。最好也
最持久的撫慰，就藏在真實裡。路易斯本人說得好：

> 撫慰並非尋求能得的。你若尋找真相，最後或許能覓
> 得撫慰；但若是尋求撫慰，便無法找到撫慰或真
> 相——只能以阿諛討好和痴心妄想為始，最後終於絕
> 望。[21]

因此，只要大家能以更健全的哲學角度，理解悲痛這種人生的
「重大情緒」，而從中受益，便理當能受益於本書。

也就是說，有些人比其他人更能獲益，尤其本書主要不是
以**正處於**悲痛狀態中的人士為標的。遭逢他者離世的情緒陣
痛，會讓人難以用哲學所需的冷靜態度，去思索悲痛。更有甚
者，我們將在第二章中看到，悲痛會消耗我們大部分的關注，
而損及我們的專注力和維持有效的記憶。[22]我會儘量讓無甚哲
學背景的人，也能看懂我的理論，不過哲學是個相當費神的領
域，因此，那些陷於悲痛腦霧中的人，或許很難全心進入我們

的哲學探索中。

然而，已從悲痛之中淡出的人，也許更能獲益於這種探索。我們從失去他者的經驗中學習悲痛，但有些疑問仍懸而未解。重要的是，我想讓那些經歷過喪亡之痛的人看到，悲痛究竟有何益處——為什麼到頭來，我們對於悲痛的經驗，應傾向於感謝而非懊悔。

我有意以這份探索，使我們在悲痛降臨**之前**，預先受益。我說過，本書目的不在以一般方式療癒讀者，但哲學能起到療癒作用的一種方式，就是為我們做好心理準備，迎接將要發生的事。我尤其希望這份探索，能化解悲痛經常引發的恐懼。之前我批評哲學傳統，害怕面對悲痛所揭示的人性；那種害怕或許沒有確切的根據，但並不表示，經歷他者死亡的過程中沒有令人懼怕的事。悲痛也許源自我們感到恐懼的事件（親友的亡逝），而悲痛本身的折磨，就很教人害怕了。尤其是，悲痛也許會激發我們內心對無助、任由情緒海洋的風暴擺弄的恐懼。然而我們一生中遭逢他人離世的可能性極大，如果因為害怕悲痛，而怯於去理解，便阻隔了瞭解這份恐懼的道路。對於不確定和未知的恐懼，畢竟是人類最大的恐懼之一，我懷疑自己有充足的理由，讓讀者去「期待」經歷悲痛；但話說回來，預先盡可能地瞭解悲痛，能減輕我們對這種誰都避不掉的喪亡之痛的畏懼。

因此本書符合了一項哲學傳統——哲學的主要任務之一是提供**慰藉**（consolation），幫助人們掌握對人生的期許，尤其

能使我們瞭解自己和周遭的環境。痛失親友是無可迴避的狀況，也挑戰了我們對世界的預期或願望。我們最好透過深入理解這些挑戰的本質，以及瞭解自己，來處理這些挑戰，我會盡力在本書中闡述。

但願本書**不會**是哲學家們對悲痛議題的最後之見。當然了，每個哲學家都希望自己是對的，但是具影響的哲學論述亦十分重要。悲痛是人類重要的經驗，這個議題已經成熟到該作哲學性探討了，但受到的哲學關注卻少得可憐。也許本書對悲痛和其重要性的描述，即便是錯誤的，也能說服哲學家們多多關注這個議題。

―――

在開始探索前，讓我先逐章預示重點。迫不及待想看書的讀者，不妨略過。

他人的死亡，會引發我們不同程度的反應。任何稍具道德敏感度的人，在聽到別人去世的消息，至少都會有些難過，但只有**某些**對死者的反應，才算得上是悲痛。第一章討論悲痛與其他對死亡的反應差異，探討悲痛的**範疇**：我們為哪些人悲痛？死者本身或我們與死者的關係，究竟有何必然性，致使對方的死，會令我們悲痛難抑？我在本章主張我們會為那些我們投注了**實踐身分**（practical identities）的死者而悲痛，也就是說，我們為那些在我們的抱負與承諾中，扮演重要角色的人而

悲痛——沒錯，就是在我們如何理解自己，以及我們生命中所珍視的事物中，扮演要角的人。這個說法有助於解釋傑克·路易斯的慟不欲生——一如我們失去摯愛或家人的悲痛——也說明了我們對沒那麼親近或相熟的人士，例如藝術家、政治人物或其他公眾人物的死，所引發的悲痛。

知道我們為誰悲痛，並不足以說明悲痛是什麼。第二章對悲痛的本質提出了哲學性的描述。我會先論述，悲痛不像恐懼和憤怒等情緒，它是一系列、而非單一的情感狀態。伊麗莎白·庫伯勒——羅斯（Elisabeth Kübler-Ross）在她廣為人知的「五階段」模型中，普及了這種想法。該模式指出，遭遇他者喪亡會歷經否定（denial）、憤怒（anger）、討價還價（bargaining）、沮喪（depression）、接受（acceptance）的階段。後續的研究發現庫伯勒——羅斯的模型雖然大致正確，但在解讀悲痛的細節上，卻屢屢出錯：典型的悲痛包含多種明顯的情緒，但許多人不會經歷這五個情緒階段，也不一定按照這個順序（不出所料的是，「接受」通常是最先出現的情緒），或是會歷經這五種之外的其他情緒（內疚、恐懼、困惑等）。第二，我認為應該把悲痛視為一種受情緒驅動的**注意力**。以悲痛回應他人的死亡，並不是因為立即發現到對方的重要性，而是悲痛促使我們注意到對方的死亡，並瞭解他們的離世對我們有多麼重要。最後，悲痛雖不是我們能控制的過程，但悲痛是一種能回應我們的選擇及行動的**活動**，有著明顯的目標。悲痛的這三種特質（意即悲痛是一種過程、一種注意力，也是一種活動），

以及第一章，關於悲痛範疇的結論，顯示悲痛的對象——悲痛究竟是**為了什麼**——是失者與死者的關係，這層關係因後者的亡逝而起了轉變。

我們的探索之後會轉向幾個與悲痛相關的基本道德問題。在第三及第四章中談到，我認為面對他人死亡會造成的主要道德困境：悲痛的本質雖然痛苦而憂傷，但似乎也能對我們整體的幸福有所貢獻。事實上，不少人甚至受到喪失他人的痛苦經驗吸引，這種焦慮，便是**悲痛的悖論**（paradox of grief）。第三章談到，由於悲痛涉及對一份不可或缺之關係的持續且繁雜的情緒關注，這份關係因其中成員之一的離世而被迫改變了。悲痛的獨特之處在於讓我們獲得自我認識，尤其是認識構成我們實踐身分的價值觀、情緒傾向和關切的事物。我們依戀的親友去世，多少會觸發我們與死者關係的「危機」，並反過來引發我們自我認同的危機，因為失去親友讓我們認識到，我們的價值觀、承諾和關切，不是「理所當有」的，而是必須依賴與其他人的關係。當其逝去，我們與他們的關係會——也確實**必須**——改變。要釐清那些關係該如何改變，是項挑戰，也是悲痛的核心難題。當我們的悲痛最終成就了可貴的自我認識（self-knowledge），我們便克服了這項挑戰。

這個論點說明了悲痛雖痛苦惱人，但亦能使我們受益。然而這種說法無法徹底解釋，為何人們往往**試圖**經歷痛苦的喪慟經驗。第四章主張，失去他人的經歷固然難受，但這樣的經歷，是具有更高價值的大格局活動中，不可或缺的一環，所以

是可取的（好比劇烈運動過程中所受的苦，是可取的，因為這是有益的運動必然會有的）。

第二個關於悲痛的基本道德問題是，悲痛是否理性。第五章反駁兩個論點，該論點否定有理性的悲痛。第一個論點認定，悲痛是**反理性的**（arational），根本不該受理性的評價。第二個論點則認為，悲痛**必然是非理性**的（necessarily irrational）。我的觀點是，悲痛是偶爾理性的（contingently rational）。悲痛的理性主要是回顧式的，得依據悲痛程度和具體表現的情緒，是否反映出失者與逝者間的關係重要性來做判斷。在我看來，理性的悲痛表達，在質和量上，對失者來說，都是合適的。換言之，**我們因喪失了與死者的關係，而受到一定程度的情緒煎熬，這種悲痛是合理的**。本章的結論是，雖然在這個面向上，悲痛可以（而且經常是）是合理的，但悲痛中的人，被要求為死者或垂死者做決定時，仍然很容易失去理智。

第六章探討到，是否如同已故的勞伯・所羅門（Robert Solomon，譯註：美國哲學家及商業倫理學家）所說，我們有悲痛的義務。那些無動於衷，或未表現出強烈悲痛之情的人，應該遭受道德上的譴責。我則認為，如果把悲痛的責任，歸給那些跟我們一樣為死者悲痛的人身上，或認定這是對死者該有的義務，那麼這種義務就被曲解了。因為這兩種義務都無法反映出第一及第二章中所說的，悲痛以自我為中心的本質。悲痛最好出於自利，也就是說，悲痛是對自己的責任。與第三章的結論相互呼應，悲痛的責任在於追求實質的自我認識——例如

認識自己的價值觀、性情——以理性地追求個人的益處。因此悲痛的責任，屬於源自道德要求的責任——即尊重，並完善作為理性主體的自己。

第七章以心理健康的角度討論悲痛及其治療。如前所述，古代哲學家擔心悲痛是失去理性或自制力的預兆。這些擔憂符合了長久以來的文化模式——認為悲痛是一種瘋狂。有關悲痛與精神失常的問題，約於十年前走進大眾的視野；當時有個委員會，在新版的《精神疾病診斷與統計手冊》（*Diagnostic and Statistical Manual of Mental Disorders*，DSM）中建議改變悲痛的狀態，揚棄悲痛是「失去他者」正常反應的說法（雖然悲痛與憂鬱等公認的精神疾病，有許多雷同之處），並建議引入一種新的「複雜性悲痛症」（complicated grief disorder）。這些將悲痛「醫療化」的舉動，很快就遭到了譴責。第七章談到，雖然心理健康的治療，在悲痛的過程中有時很合用，但卻不該將悲痛醫療化。悲痛在削弱我們的幸福感，及影響我們日常的運作能力上，常與精神疾病相似，但悲痛幾乎可說是失去他者的正常反應——骨子裡是心理健康的徵兆，而非病狀。悲痛中的人當然可能生病，並須接受適當的治療。但即使在悲痛的過程中生病了，卻沒有人是**生悲痛這種病**的。將悲痛作為醫療對象來規範，壞處遠大於好處。

第一章

我們為誰悲痛

據美國中央情報局的說法，每年約有5500萬人死亡。也就是說，每天約有152,000人死亡，每小時6,300人，每分鐘105人，每秒2人。[1]

讀者應該不太會為這些死者悲痛。（老實說，我自己只會為其中一小部分人悲痛。）當然了，他人的死——即使是那些不會令我們悲痛的人——也會引發悲痛之外的其他情緒反應。聽到有人遭受殘殺，或弱勢的人受到殺害時，我們會憤憤不平。得知種族滅絕的行徑後，我們會感到震驚。我們認識的人失去親友時，我們會心生悲憫（例如得知朋友的父母去世時）。

我們會**悼念**（mourn）許多死亡。有時悼念和悲痛被視為同一種現象；它們雖有關聯，卻實不相同。我們會發現，「悲痛」是一個人對另一個體的亡逝，特有的私人情緒反應。悲痛的核心是一種心理現象，是我們在回應重要他人死亡時，「內在」的狀態。我們掌握和描述悲痛的方式並不私人，因為這些方式是同化（acculturation）後的產物。但悲痛現象的核心，

則是私人的。相較之下，「悼念」則更加公開，且通常很儀式化。許多悼念者，同時正在經歷悲痛的過程。事實上，悼念是一種**常見**的悲痛方式，在那種情況下，悼念是悲痛的公開或表面行為。但人有可能僅止於悼念——例如參加紀念會，或為逝者默哀片刻——卻不感覺悲痛。縱觀人類歷史，都可看到專業哭喪者的蹤影。你可以付錢讓哭喪者該哭則哭，因為悼念涉及了一整套的行為。另一方面，付錢叫人表演悲痛，則顯得莫名其妙，因為金錢不能誘發悲痛的私人心理狀態。再多的錢，也無法令人像在乎親友的死般，去關注另一個人的死。花錢僱人來悲痛，無異付錢找人替你享樂或睡覺。

因此，一個對他人之死全然漠不關心的人，或許有道德上的缺失，但一個鮮少悲痛的人，在道德上卻並無瑕疵，[2]因為悲痛本質上是一種選擇性的反應。我們既無法，也不該為所有人的死而悲痛。所有人的生命都很重要，因此所有人的死亡也很重要，但並非每位個別的生命，對我們都（同等）重要，因此每位個體的死亡，對我們也並非（同等）重要。所以說，悲痛不像我們對死亡的其他反應，悲痛的本質是以自我為中心的。殘忍的謀殺令我們憤怒，因為我們為受害者或關心的人感到憤憤難平。我們同情失者，為他的遭遇感到難過。可是當親友的死直擊失者時，則是心生悲痛。

因此，當另一個人的死亡，對我們特別或格外重要時，我們便會悲痛逾恆。我稱之為悲痛的**自我中心**（egocentric）面向，不過這個說法，並非暗指悲痛是自私的。我會在書中討

論，悲痛是一種自我關注（self-concerning），廣義而言，是自利的（self-interested）。悲痛**或許會**影響我們的生活走向，但悲痛的自利性，並不會令人反感。一個人在悲痛時，並不會對自己造成過度的寵溺或偏袒。

我們不會為所有的死亡而悲痛，（我認為）也不該為所有的死亡而悲痛。因為，會為一個人的死而悲痛難抑，我們必然與死者有著特別緊密或息息相關的關聯。因此本章的挑戰在於，辨識失者與死者之間的必然關係，以理解那份悲痛。我們會先考慮三種顯然似是而非的說法——個人與死者必然有某種關係，才會如此悲痛。這些描述雖能成功地合理解釋典型的喪慟案例，但在解釋非典型的真實喪慟案例時，卻顯得捉襟見肘。接著我會捍衛自己的論點，解釋必須具備何種關係，才會令人悲痛——也就是挹注了身分認同（identity investment）的關係。我認為這種論述，能充分解釋典型和非典型的喪慟案例。

一、親近

悲痛需要的第一種可能關係，是失者必須與死者**很親近**。典型的喪慟案例，那些失者與死者間，必然存在親密感。具備以下特質的親密關係——溫暖、熟悉、瞭解另一人的態度與日常習慣——可能使悲痛格外強烈，例如配偶、孩子或親近的手足去世。這種關係所引發的悲痛，可能是最重要或最有價值

的。這種親密感不必是相互的，也能引發悲痛。例如，準爸媽（尤其是媽媽）會為流產的胎兒悲痛。雖然胎兒並沒有習性、態度、性格等特質，不若新生兒、兒童或大人那般健全，但父母依舊在受孕、妊娠和準備分娩的經歷中，對這些胎兒產生了根植於心的親切感，[3]但胎兒對父母，應該沒有親密關係所需的複雜心理狀態。

雖然令我們為之悲痛的逝者，往往與我們關係親密，但親密並不是悲痛的**決定性**特質，因為人們可能會為他們幾乎不認識，或實際上的陌生人而悲痛。社交媒體的興起，更使其顯而易見，許多人對他們並無私交的公眾人物的死亡悲痛不已，例如藝術家、音樂家、運動員或政治領袖。如果這些是如假包換的喪慟實例——而且我們也沒有理由當它們不是——那麼就悲痛的必要條件而言，親密感便可有可無了。

我們會忍不住想說，為公眾人物而悲痛，並非**真正的**悲痛，因為公眾人物的仰慕者或粉絲，對他們的瞭解，並沒有深刻到足以令人悲痛難抑。這種案例中，那些公眾人物的悼念者，正在經受真正的悲痛，只是他們所悲痛的對象是公眾人物，而不是單純的個人。那些為遇刺的約翰・甘迺迪（John F. Kennedy）悲痛的人，是在為戰爭英雄和總統甘迺迪悲痛，而不是他們私下知其日常的甘迺迪；那些為流行歌星大衛・鮑伊（David Bowie）之死而悲痛的人，是在為鮑伊（或他的舞台形象）悲痛，而不是他的親朋好友所熟知的那個人。這種說法看似有理，誠然在當今訊息飽和的媒體環境中，人們很有可能對

公眾人物產生最低程度的親密感。一個讀過曼德拉（Nelson Mandela）自傳、追蹤曼德拉活動消息的人，對曼德拉的瞭解似乎多於他的公眾形象，因而足以令其為曼德拉悲痛。儘管如此，為公眾人物悲痛，依舊是聚焦在公眾人物的形象上——比如他們的成就、公開的人格特質和價值觀——而那份形象，與公眾人物親友眼中的個體，必然存在差距。

但這種說法，並不是指為公眾人物悲痛，在某種程度上是虛假的，或不完全的悲痛形式。這個說法要強調的是，拿號稱是悲痛的典型範例——為那些與我們分享私人親密關係的人悲痛——來規範我們應該為誰悲痛，是很危險的。配偶在我們生活中所扮演的角色，跟我們最喜歡的爵士樂手，或著名的人權運動家在我們生活中所扮演的角色，當然不會一樣。但這種差異，僅意味著我們對配偶的悲痛，會、也應該跟對爵士樂手或人權運動家的悲痛有所不同，而並不是說，我們不能或不該為缺乏親密關係的後者感到悲痛。其實我們並不需要**太多**的親密感，便可能對別人的死感到悲痛莫名，這點確實頗讓人驚訝。例如一個童年便被收養的成年人，僅知其生母的姓名，但一生都不曾與她聯繫過。我可以想像，這名成年子女在得知親生母親去世後，可能會悲痛不已，儘管他對生母毫無所悉，也無親密感可言。（我們甚至可以將此描述成，為「想像中」的母親悲痛。）[4]我們會在本章後半段討論，這樣的例子說明了一件事，悲痛與個人的心願較為有關，而不是個人的現實狀況。

二、愛

人際關係中，會激發悲痛的第二種可能，是我們會為自己所**愛**的人悲痛。我不打算裝腔作勢地在此分析愛的複雜哲學問題，但是對於愛的哲學描述，未必能夠點出這種說法為何不足以勾勒出悲痛的範疇。原因之一，一些駁斥悲痛需要親密關係的反例，也適用於此。我們很難相信，那些為公眾人物悲痛的人，真的很愛他們。大眾或許喜愛他們的音樂、藝術、政治立場、運動技能，但是欣賞、崇敬或羨慕，並不需要上升到愛的層級。

事實上，我們甚至不必**喜歡**那些我們為之悲痛的逝者。甘迺迪政府曾針對卡斯楚（Fidel Castro），擬定四十二次暗殺計畫，但據稱甘迺迪的死，令卡斯楚悲痛不已。因此惺惺相惜的敵人或對手，也有可能為彼此悲痛。

要有愛，才會悲痛──這是假設；但事實上，我們**憎恨**的人死了，也可能引發悲痛。我們發現，悲痛經常涉及愛恨交錯的感覺。並不是每個愛恨交錯的喪慟案例，都是因為失者與死者間的關係本身充滿愛恨情仇。可是一個與我們有過衝突、甚至痛恨的人死亡，依然可能引發悲痛。雖然死者一再令人失望或憤慨，我們仍會為他們的死悲痛。像孩子便會為虐待、甚至遺棄他們的父母感到悲痛。悲痛與冷漠並不相容，卻與**愛恨交織**兼容。至少我們不該草草打發掉我們對死者的愛恨矛盾。

三、依戀

引發悲痛的第三種可能性是，我們與死者有**依戀**（attach-ment）關係。依戀一個人，會以下列方式與對方建立關係：

1. 依戀者渴望能接近並與對方互動。
2. 與對方分離後，依戀者常感到痛苦。
3. 依戀者在依戀的對象面前，會有安全感。
4. 只有依戀的對象，能讓依戀者體現 1 至 3 的特質。[5]

依戀死者是悲痛的必要條件，這個假設看似頗有可為。這種假設有助於解釋悲痛的自我中心特質，因為我們若為依戀的對象而悲痛，那便一點也不奇怪了；我們對死者特有的依戀，使我們覺得他們的死是一種損失。他們的死，預示了我們的安全感會減損，這是別人所無法彌補的。更有甚者，我們將在第二章看到，悲痛可能包含許多不同的情緒狀態，包括焦慮；如果依戀是悲痛的必要條件，應該會產生焦慮。

不過，我們還是得小心，別把典型的喪慟案例，誤當成所有的狀況。目前為止我們所引用的例子，有幾例失者似乎並不特別依戀死者。那些為公眾人物，或為未曾謀面的生父生母悲痛的人，對逝者並無依戀。類似狀況的父母，會對選擇性墮掉的胎兒悲痛，但這些父母似乎不太可能在情感上，對那些胎兒有所依戀。更有甚者，被依戀的人，往往會因為依戀者的死而

悲痛不已，而非反過來說。許多父母無疑相當依戀他們的孩子，孩子不在時，父母會感到難過，他們渴望接近孩子，認為孩子是不可替代的。但並非每位父母在情感上都那麼強烈地依戀子女，例如他們可能喜歡子女的陪伴，但孩子不在身邊，未必會造成他們的不安或痛苦。

四、幸福

悲痛需要與死者關係緊密、有愛，或依戀死者的說法，其實每一項都不夠充分。這些描述忽略了某些類型的關係，或將最熟悉或最生動的悲痛種類特徵，誤認為是悲痛的本質。我這麼說，完全沒有指親密、愛或依戀跟悲痛無關的意思。我們在後面的章節中會看到，我們悲痛的方式——以及我們**應該**如何悲痛——主要取決於我們與死者（或曾經有過）的關係性質。我們為配偶悲痛的方式，不會、也不應該像對待已故的手足一樣。對同事的悲痛，與對待我們的精神楷模不同；對運動英雄，亦不同於老鄰居。悲痛應該像各式各樣的人際關係一樣，不一而足。但我們還是得辨識引發悲痛（相對於其他如難過、憐憫等反應）的人際關係特徵。

為了進一步識別這些特徵，請回想一下之前所提，悲痛的自我中心特質。悲痛，與我們對遭逢喪亡的其他反應不同，是以自我為中心，因為親友的死，對我們意義重大。他人之死，對我們造成重大損失的一種方式是，使我們失去他們尚在世

時，供予我們的各種好處。朋友的死，意味失去陪伴；在同事，是專業上的支持或激勵；在配偶，則是浪漫的愛情和共享的人生目標。失去像一道疼痛的傷口，因為我們的福祉受到了威脅。因此，那些帶給我們幸福的人死去後，我們會悲痛不已。

這條思路看似成理，實則言過其實。如前所述，我們不僅會為那些讓我們的生活過得更好的人悲痛，也會為那些令我們大失所望的人悲痛。我們還會為那些與我們關係並不長久，對我們的幸福貢獻無多的人悲痛。例如，父母會為流掉的孩子悲痛，而一個人為她前一天才愛上的人悲痛也不算奇怪。在這些例子中，悲痛不是因為死者對生者的幸福，有**實質上的**貢獻；相反，生者似乎是為那些他們**冀望**（或曾經希望）能對自己的福祉作出重大貢獻的人悲痛，即使亡者因偶發狀況或個人的失敗，未能如生者所願。

這些觀察說明了，悲痛與幸福之間的關聯，遠比表面上看起來的複雜。我們的確會為那些助我們獲得幸福（或曾為我們的幸福出力）的人悲痛，但我們也會為其行為、選擇和態度，關係到或證實影響了我們幸福的人悲痛。當死者在我們關切的事物、我們的生活和我們自己心中，占有一席之地時，便會引發悲痛。

五、對死者的挹注

我們悲痛的死者，都有一個共通點，就是我所說的，我們

在他們身上**挹注了實踐身分**（practical identity investment）。我們每個人都有自己的承諾、價值觀和關注點，這套體系左右了我們大部分的選擇和行動，涵蓋那些我們重視的、非短暫或轉瞬即逝的事物；這套體系從這個面向，協助我們形塑生活，並指引生活的方向。我們會調動這套體系，解釋自己何以作出關鍵性的人生選擇；當別人誤解或質疑我們的作為時，給自己一個交代，並保有自己生活的完整性。這樣的承諾、價值觀與關注，不是虛無飄渺地告訴我們，我們的本質是什麼，而是從實際面上定義了我們。這套體系讓我們（和世界）知道，我們為何有價值，且有資格獲得我們想要的關注與力量。少了這套體系，我們對自己的**經營**，便會顯得難以捉摸、無的放矢。沒有它們，我們形同喪失資源，而我們需要這些資源來理解自己的存在，從中找到理由，證實我們選擇的正當性。

克莉斯汀・柯斯嘉（Christine Korsgaard，譯註：美國當代哲學家）為這套承諾、價值觀和關注，創造了一個有用的術語——「實踐身分」。柯斯嘉強調，一個人的實踐身分所包含的，超過了個人的價值觀。實踐身分還提供了基礎，讓我們珍惜並欣賞自己。她寫道，你的實踐身分是「一種用以評價自我的描述，一種對人生很值得、你的行動很值得的描述。」[6]至關重要的是，我們的實踐身分裡，有許多元素必然會涉及到其他人，和他們實踐身分中的承諾、價值觀和關注。柯斯嘉觀察到，實踐身分的要素有「角色與關係、公民身分、種族或宗教團體的成員身分、志業、職業、專業和職位」。[7]許多人將因此

在我們的實踐身分中，扮演不可或缺的角色；沒有他們，我們便不可能有實踐身分，要不然就是身分認同支離破碎。當然了，不同的人在我們的實踐身分中，會扮演不同的角色，即便是我們私下並不相熟的楷模人士，也可能因協助我們釐清自己在乎的事物，而形塑我們的實踐身分。其他人——例如我們的配偶或男女朋友——藉由愛、與我們分享價值觀、共赴目標、關照我們，而在我們的實踐身分中，擔任一個角色。我們的某些承諾或目標，唯獨在有了對手，或有了阻撓其實現的敵人時，才會產生意義。因此，我們的實踐身分，以多種方式，**挹注**到他人的存在裡。我們為死者悲痛——這是很**恰當的**——的程度視乎我們在他們身上挹注了多少實踐身分而定。死者對我們的實踐身分愈是居於核心地位，我們就愈有理由為其悲痛。

由於挹注程度有高有低，我們對悲痛的感受性和悲痛本身，也有強弱之別。我們對哪些人可以（和應該）悲痛，而對哪些人無法（也不該）悲痛，這之間或許沒有涇渭分明的「界線」，但有些人會對我們的自我理解和實踐身分，產生不成比例的影響，因此我們最容易為他們悲痛欲絕。

想像有位觀察高手為某個人撰寫傳記，該傳記勢必得提到主角一生中的各種人際關係；但從最廣義的角度去看「人際關係」一詞，我們會得到廣泛的範疇——不單與親朋好友，也與我們的水管工人、稅務會計師等有所關聯。專業傳記作家在撰寫一個人的生平時，不會對所有關係一視同仁，因為其中某些關係，對於傳記主如何理解他自己和他的一生，顯得更為重

要。作家若忽略這些形塑身分認同的人際關係，未將其納入傳記裡，傳記便顯得不夠完善。如若不去著墨這些關係，嚴格來說，傳記就不算是該人士的「完整」生平故事了。

他人的死，讓我們悲痛到打亂自己的生活，適足以闡明悲痛的一項怪異情緒特質。對許多人而言，悲痛像是失去了自我，讓人無所依循。許多遭逢他者亡故的人表示：「我失去了一部分的自己。」[8]這番話強調出悲痛往往令人極其痛苦，因為它會讓人迷失方向。死者的缺席，會滲透在我們與他人或事物的互動中，從而使日常生活變得陌生疏遠。以前極為重要的行動或事情，變得不那麼重要了；而無關緊要的行動或事情，卻變得重要起來。長久來養成的思維和感覺模式，突然顯得詭異。由於世界忽然變陌生了，自我也會感到生疏或脫節。悲痛讓我們對自己不再熟悉或無法辨認，形同行屍走肉。瓊·蒂蒂安（Joan Didion）在廣為流傳的喪慟回憶錄《奇想之年》（*The Year of Magical Thinking*）中，描述悲痛的衝擊是「身心的扼殺與錯位」，最激烈時，是與「虛無經驗」的對抗。[9]路易斯說喬伊的死是「截肢」，引發了悲痛，使他覺得生命「永久飄浮無依」。[10]

我們為那些我們投注了實踐身分的死者而悲痛，這點有助於解釋何以會對自己覺得陌生，而周遭的世界變得錯亂。死者在某種程度上，對於我們的自我理解和自己重視什麼至為重要。他們已**融入**那些理解當中，在我們的實踐身分裡扮演要角。他們的去世，危及了我們的某個維度。我們失去了部分的

自己（非字面上的意思）——實踐的或道德的一部分。[11]因此當我們挹注實踐身分的人死了，我們的自我概念可能受到動搖，有時甚至是天搖地動的（我們將在第三章重新探討這個主題）。

六、悲痛的多樣性

我們會為那些我們挹注了實踐身分的人悲痛，這解釋了何以我們所親、所愛、所依戀的人去世後，我們會悲痛不已。那些與我們親近的人，最能在我們的實踐身分中扮演重要的角色。同理，我們所愛或情感上依戀的人亦是如此，因此我所描述的悲痛範疇（與他人的關係必須符合條件，方能引發悲痛）可以解釋，為何僅用親密、愛或依戀來規範悲痛的界限，**看起來似乎**很有道理。

誠如我們所見，這三項悲痛條件，都無法解釋一些反例，但以我提出的解釋，反而能輕易處理這些反例。

拿我們有時會在藝術家、音樂家、政治領袖或其他受人尊敬的公眾人物去世時，經歷悲痛為例。如果為這些公眾人物悲痛，需要把我們的實踐身分投注在他們身上，那麼我們的悲痛是發乎於心，且可以理解的。我們經常享受藝術家和音樂家的創作及表演，長此以往，便會形成對其作品與演出的期待，它們已融入在我們對於善或價值的概念裡了。樂隊「感恩至死」的死忠粉（Deadheads）、小賈斯汀鐵粉（Beliebers），或披頭

四迷（Beetlemaniacs）——這些狂熱的樂迷殷切地期待巡迴演出或發片消息，他們收集演出者的紀念品，與其他鐵粉籌辦社交聚會——這些人顯然對最喜愛的藝術家挹注了他們的實踐身分。鐵粉的生活樣態，取決於這些作品和表演的製作，因此他們為這些藝術家的死而悲不自勝，並不令人訝異。

就政治領導人而言，身分的挹注（並因此而悲痛）可以從一件事實顯露出來——我們常將這些個人，當成我們自己或我們集體的希望之源。林肯（Abraham Lincoln）的死，便是最好的例子。林肯對於被當作悲痛的對象並不「陌生」：他遇刺後，遺體搭火車跑了一千六百多英里，在一百八十個美國城市停駐；成千上萬的送葬者尋機瞻仰林肯的遺體，許多人苦候五個多小時，才看到遊街而過的靈柩。尤其對非裔美國人而言，林肯是他們許多人心目中的解放運動領袖，他們的痛苦或不敢置信格外強烈。正如一位重獲自由的奴隸所言：「我們失去了我們的摩西。」有些人擔心林肯之死，預示著奴隸制度的恢復。[12] 美國境外人士對林肯的悲痛，明顯地與其政治認同相聯。林肯之死，在德國和義大利引起極大共鳴，因為這些國家正在經歷與美國類似的挑戰，面臨統一團結的問題；他的死在歐洲反奴團體中造成衝擊；也在反對叛亂勢力、捍衛法律秩序的保守者間引起迴響。那些為林肯悲痛的美國境外人士，在他身上和「美國這場大規模實驗」中，看到了「自身抱負的理想版本」。[13] 實踐身分的匯集，在這裡再度扮演解釋悲痛的明確角色。對於那些為林肯悲痛的美國境外人士，林肯的死並不會

危及他們的幸福，他們與林肯並不特別親密或依戀。然而他們悲痛其逝，因為林肯的死，代表他們挹注個人實踐身分的社會政治事業追求過程中的一次挫敗。

我們對特定公眾人物投注身分認同，並將他們視為榜樣，是另一種引發悲痛的方式。一位剛嶄露頭角的政治家，可能會為一位知名領導人的死感到悲痛，因為他效仿了該政治家的政治策略或價值觀。一名音樂家可能師法某「吉他英雄」的指法，或其表演形象。在這些情況下，個人對其專業或職業的身分認同，會與他們效仿的公眾人物交錯相織。

我所描述的悲痛範疇，也有助於解釋我們如何為所憎恨或失望的對象悲痛。仇恨與失望不等於冷漠，我們可能不會對那些我們討厭或失望的人無動於衷，因為我們的關係含有引發悲痛的必要特質——身分的投注。我們對那些影響我們的自我概念，或生活中是非輕重的人，或許會感到憎惡或失望，即使我們認為那些影響是正面的。出身軍人世家的軍人，可能會強烈反對逼他從軍的父親，哪怕他其實很享受並認同軍旅生活。一名自付學費讀完大學和研究所的學者，也許對無力提供他渴望的教育的父母感到失望，但依然視父母為核心價值觀的來源。這類例子強調出，悲痛並不需要建立在滿足我們希望的關係之上，關係只需成為這種希望的**源泉**即可。

我的論點也有助於理解短暫的關係，或「還未開始就結束」的關係，為何會引發悲痛。夭折或流產的孩子，父母還是有可能對親子生活抱持一定的嚮往，並自視為那個孩子的爸

媽。同樣地，那些一見鍾情卻在不久後失去所愛的人，也許已經把愛人納入未來的構想裡了。因此，儘管這種關係缺乏時間來培養親密感或深厚的熟悉感，但為此悲痛並不奇怪。同樣地，養子在獲悉生母去世後感到悲痛，很可能就是因為長期以來，一直很好奇生母會如何塑造他的人格或價值觀所致。

這些例子闡明了一點，悲痛與事態有關，也與我們心中希望的事態有關。我們悲痛的對象，未必是我們熟悉的人，或給予我們實質好處的人，而是針對那些對於我們如何看待自己及生活，起到關鍵作用的人，因為我們在他們身上投注了希望，也挹注了我們的實踐身分。我們確實會為那些以直接方式塑造我們生活的人悲痛，例如我們的配偶、手足、同事。但我們也為那些以更間接委婉的方式塑造我們生活的人悲痛，他們也許是我們的目標對象、個人選擇與職業的楷模，又或許是理想的化身。

七、結語

為了解釋悲痛的範疇——試圖界定引發我們悲痛的關係條件——，我們面臨了一種熟悉的哲學挑戰，亦即，如何瞭解這種具有多種表現形式及特質的現象，到底有什麼基本特徵。在這些挹注實踐身分的描述中，我們透過解釋更多喪慟範例，來發現這些多樣性中的統一性（因配偶、家庭成員的死而悲痛等），同時也解釋了更多非典型的案例。

似是而非地解釋悲痛的範疇，留下了許多有待解決的關鍵問題。僅知道自己為誰悲痛，並不足以精確地解釋我們悲痛的原因和理由。（這好比是：知道你要和誰跳舞，並不能解釋你要表演什麼舞，還有表演的原因。）這些是我們接下來要討論的問題。

第二章

悲痛時會經歷什麼

　　瞭解我們為誰悲痛，便已經成功一半，快要達到本書的第一個主要目標了——鑑別悲痛的本質。為了走完剩下的路，我們必須努力解決悲痛這個情緒現象，所表現出來的迷茫。

　　情緒常有前後因果的套用模式：例如，恐懼是我們意識到威脅或風險後，引起的負面情緒；感恩是一種我們感覺受惠或受幸運眷顧後，會有的正面情緒。最後，我們為那些我們挹注實踐身分的死者悲痛，我們已經確定了悲痛的一個基本情緒模式：換句話說，我們已經鑑定出悲痛的大致肇因了。但是，知道我們因為與死者有特定關係而為其悲痛，尚不足以告訴我們悲痛反應的**具體內容**。因此，我們仍需辨識悲痛原因的影響，或悲痛作為一種情緒狀態的本質。

　　確認悲痛的體驗是什麼——除了死亡之外，是什麼激發了悲痛——我們得解決幾個挑戰。誠如我們在上一章中所見，悲痛狀況依其來源不同，而千變萬化。我們為熟悉的人和陌生人悲痛，為我們所愛和（有時）憎恨的人悲痛，為那些使我們過得更幸福或更悽慘的人悲痛，為那些與我們有著長久穩固關係

的人、也為那些僅有一面之交的人悲痛。因此,要適當說明悲痛的本質,就得既能解釋悲痛的**內在**可變性(intrapersonal variability,為什麼一個人,對不同死亡對象,悲痛的方式也會有所不同),也要能解釋**人際關係的**可變性(interpersonal variability,不同的人,對特定人士的死亡,為何有不同程度的悲痛)。我們能否從這種可變性中,提煉出悲痛的**本質**?這將是本章主要的挑戰。[1]

一、心情 vs 過程

悲痛帶來的第一個複雜問題是,它與大多數的情緒問題不同,悲痛似乎不僅是**一種**情緒,而是一連串情緒的綜合。當死者明確地喚起悲痛反應時,「悲痛」有時會侷限在強烈的哀傷中,有如「悲痛的陣痛」(throes of grief)。二十世紀哲學家路德維希・維根斯坦(Ludwig Wittgenstein)暗示說,這類呈現可能誤導我們誤將這種哀傷**當作是**「悲痛」。維根斯坦表示,「那一瞬間,他感到錐心的痛苦」,這種說法是沒有問題的,但若說「那一瞬間,他感到深沉的悲痛」,就有點「奇怪」了。維根斯坦觀察到,後者的奇怪,來自於將悲痛概念化成一種單一的「感覺」[2]或「觀察」。[3]維根斯坦認為,悲痛不像感覺或觀察,是可以輕易鑑別起訖時間點的單一狀態。相反,悲痛「描述了一種反覆出現的模式,在我們的生活中,編織出各種不同的變化」。因此,悲痛可能涉及不同的情緒,將悲痛視

作單一情緒或情緒反應，便無法捕捉它的全貌：「假如一個人表現出來的哀愁與快樂，會隨時間變換交替，那我們就不算是掌握到這種哀愁或快樂模式的形成特質了。」[4]我想，向來神祕晦澀的維根斯坦要說的是，悲痛不僅是一種情緒「感覺」，或固定的一系列這類「感覺」。相較於快樂、憤怒或恐懼等更基本的情緒，悲痛的情緒和結構更為複雜，事實上，悲痛過程中，往往包括許多上述情緒。

如果維根斯坦說得沒錯，那麼悲痛與大多數其他情緒不同的一點是，悲痛持續的時間更久。這一觀察顯示，悲痛可能不是一種情緒，而是一種**心情**（mood）。畢竟，心情通常比典型的情緒，持續時間更長。「壞心情」可以影響人一個小時、一整天，甚至是一個星期。此外，悲痛跟心情很像，似乎會影響我們更準確的情緒反應。比如說，暴躁的心情（先不提其他心情）會對特定事物作出意想不到、敵意過重，或不屑一顧的反應。同樣地，悲痛似乎會影響我們更具體的情緒反應。喪慟者可能較無法從本該享受的活動中獲得快樂，遇到不該哭的事卻動不動掉淚，對別人小小的失禮「勃然大怒」。因此，悲痛堪比心情，是一種無處不在的「後設情緒」（meta-emotion），一種影響我們回應世界的情緒框架。

然而，將悲痛歸類成一種心情是不對的。原因之一，心情與情緒往往形成對比，因為情緒有對象，但心情沒有。[5]這個說法指的似乎是，情緒通常針對事實而發，在一般情況下，情緒是可以解釋或理解的。當某人受到侮辱而生氣時，他們憤怒

的對象是侮辱本身（或出言羞辱的人），是**因為**受辱而生的憤怒。另一方面，心情雖有原由，卻似乎沒有特定對象。我們的心情可能被特定事件挑起，但未必針對那些事情。一個人也許因為沒吃午飯，而心情很差，但其實跟沒吃午飯**無關**。誠如我們所見，悲痛有明確的肇因——承載我們實踐身分的人去世了。但本章將會說明，從這個角度來看，悲痛並非「沒有對象」。事實上，悲痛有特定的對象，能用來解釋或理解悲痛。

我會在本章後段，解釋悲痛的對象是什麼——我們**為了什麼**而悲痛。然而還有另一套理由，可以反駁悲痛是一種心情的觀點。心情雖然持續的時間更久，並牽動我們的情緒反應，但它們會以統一的方式影響我們。一個心情鬱悶的人，會帶著憂傷，以更高的頻率或強度應對各種事件；一個心情愉快的人，會開開心心地以更高的頻率或強度，應對各種事件。然而，如同維根斯坦似乎理解的，悲痛呈現出來的像是哀傷，但幾乎總會涉及多種不同的情緒狀態。因此，與其說悲痛是一種情緒，不如說是一種情緒模式或**過程**。這一點論點後來由伊麗莎白·庫伯勒——羅斯[6]和約翰·鮑比（John Bowlby，譯註：英國發展心理學家），[7]在悲痛的「五階段理論」中推廣開來。在隨後的研究中發現，五階段理論，至少其規範的「否定——憤怒——討價還價——沮喪——接受」形態，幾乎可以確定是不正確的。許多喪慟者並不會經歷這五個特定的階段，或不按其順序進行，或在悲痛過程中經歷了其他狀態（恐懼、罪惡感等）。[8]儘管如此，人們已經廣泛認識到，悲痛是一種包含哀傷

的情緒過程，但也涵蓋了其他的情緒狀態或反應。這個論點不該被誤解，悲痛雖有多種階段，但在各個情緒階段之間，並無涇渭分明的時間界限。例如，遭逢他者死亡的人可能同時感到哀傷與憤怒。同樣地，悲痛的歷程或許有模糊混沌的開始，尤其是預料對方將死時，有「預期」悲痛的情況。悲痛也可能會有模糊或不確定的結尾，許多臨床紀錄證實，類似悲痛的情緒，可能會在我們自以為不再悲痛或悲痛已經結束後，久久又再度來襲。[9]悲痛這種多階段性的歷程，也並不排除有反覆性或週期性（就如維根斯坦所說的），在特定的一段悲痛時間中，一再反覆出現特定的情緒狀態。

二、抽絲剝繭

悲痛會經歷不同的階段，也說明了內心及人際上的各種變化。一個人，不僅會用不同的方式，為不同的死者悲痛——不同的人，對同一位死者，也會有不同的悲痛方式。悲痛是一種涉及多種情緒狀態的過程，使得悲痛方式五花八門，諸如有些人的狀況包括了憂鬱，有些不會；有的人包含了憤怒，有的不會。

不過有些人可能懷疑，悲痛是情緒過程的這個觀點，不管多麼擅於解釋悲痛的**多樣性**，但用來解釋悲痛歷程的**統一性**，則顯得捉襟見肘。畢竟，我們可以將一個喪慟案例，描述成不是對特定人士單一的連貫反應，而是一系列由共同原因造成的

不同結果。假設赫克托因伊凡的死，而有一連串的情緒反應：悲痛——憤怒——接受。我們有什麼理由（也許除了約定俗成或方便之外），將這些不同的情緒，歸類到同一個喪慟經歷裡——海克托為伊凡的死而悲痛逾恆——而不是將之視為一連串互不相關的情緒表達？我們也許也能把這種情況，說成由一個共同原因，造成的一系列互不相關的反應（赫克托為伊凡的死而難過、赫克托對伊凡的死感到憤怒、赫克托接納了伊凡的死），或對不同現象的連串反應（赫克托對失去伊凡而難過；赫克托覺得伊凡的死並不公平，而憤憤不已；赫克托接納了伊凡的死）。悲痛是一種過程的論點，似乎說明了各種悲痛歷程所呈現的，個人內在與人際關係的多樣性，但對於更基本的主張——各種喪慟案例本身，是統一的情緒歷程——卻未做解釋。而且對於是什麼把悲痛的各種情緒狀態，統一成一個整體，也欠缺說明。也許，把悲痛視為一種情緒過程，而不是單純的一連串情緒，這點本身就是錯的。

既要解釋各種悲痛過程的統一性，又要兼顧那些案例的多樣性，問題已經夠叫人頭大了，如果再把悲痛的另一項特質考慮進去：悲痛是一種活動——問題就更難了。

三、主動的悲痛

情緒經驗常被看成是被動的；周遭的事件會引發我們內在的情緒，但我們對情緒本身的掌控或自主性，大多是間接的。

通常我們可以藉著影響發生在我們身上的事，來影響自己的情緒。（因為知道自己在擁擠的雜貨店中會很煩躁，便一定選擇店裡人少時，才去購物。）但我們對於**上述做法**，能力還是十分有限。也許我能安排一天的行程，避開雜貨店的購物人潮，但一旦我進入人多的商店，幾乎肯定就會變得煩躁。我們的選擇和行動，或許不受制於世界，但我們的情緒在很大程度上，會受制於激發這些情緒的事件。

這種對情緒的刻板印象 —— 我們面對被情緒攻擊的現象時，基本上是無能為力的 —— 絕對是誇大之詞。雖然我們無法控制情緒的出現或消失，但我們可以隨時間推移，慢慢控制情緒，且有可能改變我們的情緒反應模式，並學習更健康、明智或合理的情緒模式。

藉著悲痛這一例子，能看出情緒狀態不僅只是一種被動的感受狀態（state）。情緒會激發行為；由於悲痛是一種過程，悲痛會激發出各種行為，也就是說，悲痛在展現的過程中，會創造變化無常的感覺和行動。例如，哀傷在經歷悲痛的初期十分常見，哀傷會產生行為，其中許多行為涉及了公開和儀式性的悲痛表現：悼念。[10]喪慟者在處理死者的葬禮、掃墓、擁抱其他喪慟者時，會表現出哀悽的行為。然而隨著悲痛的進展，情緒的調性會有所改變，代表悲痛的行為也會跟著轉變。在悲痛過程中經歷憤怒期的人，可能會一怒之下丟棄已故親友的一些物品。後來，同一個人在悲痛轉換成快樂或接納後，可能會懊悔丟棄了那些物品，而花大把時間，整理死者的照片或遺

物。把「悲痛」當成名詞，可能導致我們忽略了悲痛——或更準確地說，**表達悲痛**——是一種**活動**（activity），而非僅是一連串被動的情緒狀態，因為悲痛過程，涉及感覺與行動的複雜相互作用，失者用選擇和行動來回應悲痛的情緒狀態。此外，這些選擇與行動會塑造悲痛後續的情緒輪廓。由一種情緒激發出來的選擇或行動，有時可以催促失者，過渡到下一個悲痛的「階段」。

我把悲痛說成一種活動，並非指悲痛是一種我們可以**完全**控制的現象。我僅強調了悲痛是一種動態的過程，在這個過程中，失者會與他們的情緒互動，從而塑造出這些情緒，以及他們賦予這些情緒的意義。就這個角度來看，悲痛很像音樂的即興創作。音樂家拿到樂譜，樂譜提供了一個模板，讓他表演手頭上的作品。但透過變化的節奏、調子等即興彈奏，音樂家實際上「譜出」了一首以最初樂譜為基礎的新作品。同理，悲痛是一個過程，失者在這個過程中，會遇到一連串不全然出於自己選擇的情緒，但他們可以賦予其意義，使這些情緒不僅只是悲痛過程中的感情成分。

所以，我們雖然無法編排悲痛，但我們與悲痛的關係，不盡然是被動、像旁觀者般的。悲痛是我們所做的事，而非發生在我們身上的事。

可惜悲痛的第二個顯著特徵——悲痛的過程是一種包含感覺與行動的活動——並沒有化解對悲痛的疑惑。到底各種悲痛歷程之間，必須具備什麼統一性，才能將它們歸類成一致的情

感體驗，而不是一連串支離破碎的情緒狀態。事實上，悲痛是一種活動的論調，可能使問題變得更加撲朔迷離。

請注意，唯有各種悲痛歷程具有根本的情緒統一性時，悲痛才能算是**一種**活動。我們要依據什麼基礎，去主張個人在經歷悲痛的種種情感狀態時，所作的各種選擇或行動，能形成一項活動？我們會參與各種活動，這些活動涵蓋了許多選擇與行動，在這些情況下，這些選擇和行動會從更大的活動及更高的目標中，衍生出它們的可理解性或意義。再說一遍，參與音樂即興創作，就是要當場作出選擇，像是何時改變節奏、變調等等。但這些選擇，及隨後衍生的行動，在概念和實踐上，仍脫不開它們是表演指定作品的一部分的事實；許多其他複雜的人類活動，亦是如此。支付帳單，通常得經過多項選擇或操作：收集帳單、決定支付順序、確保支付、將戶頭中扣除的帳款製成表格。在這種情況下，個人的選擇或行動會歸類在同一項活動中，雖然選擇或行動本身存在著差異，但它們只是單純地為一項活動要點或目標服務。這就是為什麼當我們問那些從事這些活動的人在做什麼時，會得到兩種答案——一種細膩，一種粗糙——但似乎同樣恰當。如果正在付帳時，被問到：「你在幹麼？」回答得較細（「與銀行輸入帳單支付日期」）固然恰當，但簡略回答（「付帳單」）亦無不妥，因為你**用**前者來進行後者。

然而在悲痛的活動中，失者是否能給出這兩類回答，就很難說了。一名籌備追悼會的失者，當然可以提出細膩的答案：

「我在籌辦追悼會。」他當然也可能提出大致性的回答:「我在悲痛之中。」但即使他知道安排追悼會,也是悲痛的一部分,但二者間的關聯性似乎並不明顯。悲哭、到死者最愛的餐廳、籌辦追悼會,怎麼會變成**同一個活動**,也就是──悲痛?

因此我們在悲痛活動中的所作所為,比我們在許多其他複雜的人類活動中所做的事,更加難以捉摸。懷疑論者可能斷言,這就能證明悲痛不是一種活動──只是一連串的選擇與行動,沒有更大的重點或目的,這些選擇與行動雖然有共通的起因,但並無統一的屬性。那麼我們何不這麼說,喪慟者所經歷的情緒變化,既塑造其選擇與行動,也受其選擇與行動影響,但這些選擇和行動在形而上是離散的,彼此之間(或與那些情緒)並無本質上的關係呢?

悲痛的歷程是個活動,因為夾雜著各種情緒狀態與選擇或行動,使得各種悲痛歷程間的統一性,變得愈發模糊。

四、關注

到目前為止,我們已針對探討了悲痛的兩個關鍵要素:悲痛的肇因(意即,誰的死亡引發悲痛),以及悲痛的動態(一種主動、情緒化的過程)。當我們留意到悲痛的肇因與其動態間的相互作用時,便能開始看出悲痛的統一性了。

我們的情緒能提供證據,證實引發情緒的事件的重要性。通常情緒會以直接明確的方式提供證明:聞到煙氣時,我們怕

會有火，會威脅到我們的生命或福祉，而心生恐懼；受侮辱時覺得憤怒，表示我們的自尊心受傷了。

相較之下，悲痛會以一種更隨意或難解的方式，透露另一個人死亡的意義。悲痛的某些元素——尤其是難過——表現得像是種標準情緒：經歷悲痛的失者「發現到」（如果狀況還沒有很明顯的話）死者不在人世，是其沮喪或痛苦的一個原因。然而悲痛的其他情感因素，卻未明目張膽地表露出來。我們在悲痛過程中所體驗到的恐懼、喜悅、憤怒或焦慮，對死者或我們與死者的關係，說明了什麼？還有，構成整個悲痛過程的情緒，又意味了什麼？許多人都已觀察到，悲痛是一種更加含蓄的情緒狀態，以吞吞吐吐、零零碎碎的方式，揭示其重要性的「探究式」情緒（questioning emotion）。

如上所述，悲痛是主動，而非出於被動的：如果悲痛透露了死者的重要性，那麼得歸功於悲痛的**關注**（attention）特質。情緒哲學家邁克爾‧布雷迪（Michael Brady，譯註：格拉斯哥大學哲學教授、人文學系主任）曾說，有時情緒無法立即確認引發它們的事件意義，而是驅策我們關注那些刺激情緒的事，以測探這些事件對我們的重要性。布雷迪認為，這類情緒不會停止探究起因事件的重要性，反而會煽動並維持這份重要。[11]我提出，悲痛是情感催化注意力的典型案例，最好別把注意力視作單一的心理活動或狀態。[12]相反，注意力是一種持續性的投入，包括運用種種精神力量（知覺、情緒、意圖等等）。關注某些事實或現象，就是有意識地先考量它們，從而

將其他現象排擠到心思邊緣。我們發現，悲痛也有類似的結構特徵。我們因他人的死而悲痛；因減輕對死者的關注，而不再悲痛難抑。雖然悲痛所包含的元素，在很大程度上是被動或不受我們影響的（如難過等情感狀態），但悲痛會持續一段時間，且在某種程度上是一種我們可以即興地導引或控制的處理過程。因此，悲痛「橫越了一般的思緒劃分」，融入了「認知與意圖、知覺與智力、主動與被動、知識與實踐」。[13] 悲痛是一種注意力的形式，但這並不意味在每個悲痛歷程中，都會出現同等令人動容或震撼的關注。但即使是強度較低或時長較短的案例，死者還是會佔據失者一大部分的心思。

五、我們為何悲痛

悲痛是積極關注的過程，這點確定了悲痛的結構特徵，但我們依然缺乏理解悲痛本質的關鍵要素。上一章確認了悲痛的**實質**對象（material object）。某種態度的實質對象，是使個人具備這種態度的特定事實或狀態——就悲痛而言，則是構成悲痛過程或經歷的各種態度和心理行為的實質對象。聞到煙味而引起恐懼，煙氣（或更準確地說，是煙氣所預示的火災）就是恐懼的實質對象。悲痛的實質對象，是特定人士的死，失者在死者身上挹注了他們的實踐身分。瞭解某些態度的實質對象，就是瞭解能說明這些態度發生的事實。但是某種態度的實質對象，卻未必能夠告訴我們，這個態度的**形式**對象（formal object）。[14]一個態度的形式對象，對應著其實質對象的真實描述，使得這種態度能在邏輯理解上，與其實質對象產生聯繫。煙氣究竟為什麼使恐懼變得可以理解或合乎情理？請注意，有無數關於煙氣的真相，卻無助於**回答**這個問題：煙氣是消耗氧氣產生的；燃燒橡膠產生的煙味，跟燃燒木頭的煙味不同；衣服和家具沾上難聞的煙氣後很難消除。這些與煙氣相關的事實，沒有一項有助於交代我們為何對煙火會有預示性的恐懼。相反，讓我們的恐懼站得住腳或可以理解的，是煙氣意味著會有料想不到的危險。因此，這種威脅，成了聞到煙氣時，產生恐懼的形式對象。

現在讓我們思考一下，與悲痛的形式對象並行的問題：關於悲痛的實質對象——對我們很重要的死者——有什麼事實，能夠解釋我們為何**應該**對那項事實感到悲痛？從關注的角度來看，我們知道有哪些事會促使我們注意到，我們實踐身分的對象已經死亡了。但我們還不知道，那些事實當中的哪些因素，使得這些關注變得可理解或合理。悲痛為何會像現在這樣地緊揪住我們？

六、是死者失去的幸福嗎？

假設構成悲痛的各種情緒階段——例如憤怒、難過、喜悅——都是關注某項事實的方式；那麼到目前為止，我們一直概略性或老生常談地，將這一事實當成一種「損失」。但確切

作為悲痛形式對象的那項損失，卻有數種可能。

　　成為悲痛形式對象的其中一種可能損失，就是我們為**死者**蒙受的損失感到痛徹心扉。我們會覺得早逝或意外死亡，是對於死者的剝奪或虐待，因此難過不已——如果他們能活得更久，便能享受到各種好處，過得更幸福了。[15]由於我們與死者的關係——一種身分認同的挹注——，我們可能感同身受，並認為悲痛的形式對象就是死者所蒙受的損失。嚴格來說，蒙受損失的人雖是死者，但我們對死者的同理心，很可能使我們也承受損失之痛，即便只是替代性的而已。

　　然而，死者蒙受的損失，並不能真正成為我們悲痛的對象。首先最重要的是，對於死者而言，死亡**未必代表**失去幸福。南西‧奎贊（Nancy Cruzan）在昏迷八年後去世，雖然我們很難想像昏迷的南西會因死亡而損失慘重，但她的父母仍悲痛不已。此外，即使死者的死對其有利，生者的悲痛還是可以理解的。選擇安樂死的死者親友，似乎對這種死法深感悲痛，即使他們可能支持所愛的人選擇死亡，且全心相信死亡對逝者是有益的。因此，為「死者因死亡而蒙受損失」悲痛的說法，並不適用於某些真實案例，但為這類死亡而悲痛，似乎不會顯得不恰當或不合理。[16]

　　死亡給死者帶來的壞處，為何不能成為悲痛的形式對象，有另一種理解方式——因為那不恰當地暗示了，悲痛可因此獲得減免；假若死亡對死者的壞處成為悲痛的形式對象，那麼死亡對死者的傷害若是不大，我們是不是就比較不會悲痛了？要

做到這點，可以反過來讓死者活得更久，且活得比死者原先預期的更糟糕；但用這種方法來減輕悲痛，似乎十分可笑。假設吉米為了妹妹凱西亞的死而悲痛欲絕，另一兄弟朗尼（也許他深信悲痛的形式對象是親友因死亡而蒙受的損失）想了一個辦法，幫吉米克服悲痛：他在凱西亞的朋友圈中散播關於她的惡毒謠言，還破壞她收藏的老式黑膠唱片。朗尼的推想是，如此一來，吉米就會比較不那麼悲痛了，因為現在凱西亞的死對她來說，並沒有吉米原先所想的那麼糟。畢竟凱西亞一死，便能避開這些不幸了。[17]問題是：吉米會不會比之前，更沒有理由為凱西亞的死悲痛？朗尼的做法，能減輕吉米的悲痛嗎？吉米有理由感謝朗尼幫忙安撫他的悲痛嗎？三個問題的答案（當然）全都是「不會」。這說明了，我們該感受到的悲痛強度或量度，跟死亡對死者有多糟無關。[18]果真如此，我們的悲痛，就更不可能是因死亡對死者的壞處而引發的了。

因此，死亡使死者蒙受的損失，不會是悲痛的形式對象，而這些損失，也不是悲痛所持續關注的基本事項。

七、是失者失去的幸福嗎？

悲痛的形式對象，第二個候選項目是死者的死，對失者造成的損失。誠如瑪莎・納思邦（Martha Nussbaum，譯註：美國著名哲學家）所強調，我們為扶持、培育我們的人悲痛。[19]這種說法比「死者蒙受損失」的觀點，立場更為有力，因為它

把悲痛定位得更自我中心：放在失者的關注點或幸福感裡。

但這個假設依舊站不住腳，因為也有一些明顯易懂的實例，喪慟者並沒有因親人的離世，而利益受損。例如，喪慟者的利益可能有些損失，但死者死後帶來的益處卻超過損失。照顧病危者的人，可能在病人死後，幸福感驟減（例如因此失去了聊天的夥伴），儘管如此，整體而言反而幸福是有所提升的（因為照顧病人非常耗時費神）。饒是如此，照顧者仍感覺悲痛，一點也不意外。在某些案例中，失者雖然痛苦不堪，卻未失去任何明顯的利益。正如在第一章所提及，我們雖然為了我們投注實踐身分的死者悲痛，但我們也會為那些既未提升、甚至是剝奪我們幸福的人悲痛。子女會為虐待或失責的父母悲痛；而離異人士，會為早已疏遠的配偶去世而悲痛不已。因此對失者而言，悲痛與幸福驟失之間的關係，比一般所想的更飄忽不定。不是每位悲痛的對象，都曾經或將會對我們的利益，作出正面的貢獻。

悲痛的形式對象是生者所失去的利益，這點跟生者失去的是不可取代的東西，兩者感覺並不相容。[20]許多我們感到悲痛的死者，確實給予我們許多好處；但我們的悲痛，並非針對那些好處。如果悲痛的形式對象，是死者生前提供的各種利益，那麼一旦我們找到那些好處的其他來源，應該就能降低悲痛。可是失者在找到新的來源之後，悲痛還是不太可能消散。塞內卡把死去的朋友喻為偷來的束腰外衣，這個惡名昭彰的比喻之所以令人搖頭，恰恰是因為它忽略了悲痛的對象，根本不是死

者給喪慟者的那些好處。我們可能會同意塞內卡的觀點，「一個人在失去唯一一件搶來的束腰外衣」後，「選擇自怨自艾，而不是想方設法地避免受寒」，這種人確實是「愚不可及」。[21] 但與塞內卡的觀點相反的是，我們認為，一個人失去唯一的妻子、商業夥伴或長子的人，意圖透過列舉這些人曾經提供給他的好處，來「替換」掉他們，也是很傻。正如我們在第一章中所指出，依戀（喪慟者與死者之間常見的關係）似乎無法簡化成依戀對象提供給我們的好處，也就是說，依戀的條件取決於死者如何提供這些好處，以及好處本身。

因此，悲痛的形式對象，既非死者喪失的利益，也不是失者同時蒙受的損失。即使沒有造成上述兩種類型的損失，悲痛的活動──持續的情緒關注過程──仍然可能發生。

八、悲痛的對象，是與死者的生前關係之喪失

在導向悲痛的形式對象的最佳候選者之前，讓我們先回顧一下到目前為止，我們在確認悲痛本質上，所取得的進展。

欲充分說明悲痛的特質，須先確認這些基本特質，能夠描述喪慟經驗中，內在的和人際關係的多樣性，同時還要能說明喪慟經驗之間的統一性，也就是說，喪慟經驗的各種因素，如何結合在一起，構成單一的喪慟經歷。我們得出的結論是，悲痛是一種結合了感覺和選擇的、主動的情感關注過程，我們因為在死者身上挹注了身分認同，而勾起悲痛。我們悲痛的對象

看似某種「損失」，但無論是死者所損失的利益，或失者所失去的利益，都不是悲痛的重點。因此，我們要尋找的是悲痛的必要條件，一種能夠描述失者所遭受損失的敘述；而對這種損失的真實描述，能讓我們理解悲痛的形式對象。

前面討論過，塞內卡以偷來的外衣比喻朋友的死，提供了一種理解悲痛的形式對象的方法。之前我們得出的結論是，悲痛基本上與死者去世後，造成的財物損失無關，而是對失去的**死者**作出回應。但這樣還是未能一針見血地指出悲痛的形式對象，因為如同我們在第一章所見，對於悲痛的迷惘，表現出來的常像是情緒的幻肢，自我有個部分似乎消失了，致使在日常中感到疏離、侷促不安或格格不入。因此，悲痛似乎使我們遠離了定義我們與死者生前關係的熟悉模式。我認為，悲痛的本質是，**我們與死者的關係，無法再跟死者生前那般完全不變地持續下去**。死亡必然會改變我們與挹注身分認同的死者之間的關係，這種轉變可能採取許多種形式：不再會有死者參與的對話、儀式和活動；死者與失者之間的一些衝突，再無法擺到檯面上或受到評判；同時死亡似乎又將其他的衝突公諸於世；我們對死者可能做什麼，或成為什麼，不再抱持希望；失者可以原諒死者，但反過來則無法成立；我們不能像以前那樣，與死者一起，或以死者為主地安排計畫；以及，死者的離世，當然可能使我們失去很多有形的利益：收入、住房、經濟保障、感情的支持、安全感、靈感與洞察力。

簡言之，引發悲痛的死亡，至少在某些方面，改變了我們

與逝者的關係軌跡。他們的死，排除了他我關係的某些可能性，同時也開啟了其他的可能。而且因為我們把對生活的期望與嚮往建築在死者身上，因此會為死亡所改變的關係而感到悲痛。死亡改變了我們與死者相處的方式，所以我們與死者的關係，也應該作出因應的改變。需要注意的是，這種轉換很少徹底**破壞**那種關係；事實上，只要失者還緬懷死者，就可能依舊悲痛。在多數情況下，關係的轉變並不足以完全斬斷關係。[22]因此，與其說生者痛失**死者**，不如說是他們失去了**與死者生前的關係**，來得更加精確。正如一對悲痛研究人員所說：

> 根據經驗，人們實際上**不會**放棄他們與死者的連繫、收回他們的感情，[23]或「放死者走」。生者身上會發生轉變，從過去在實際、象徵、內化和想像等各種層面上運作的關係，過渡到一種真實中（「呼吸並活著」）已經消失，但還保有其他形式，或甚至發展出更細膩形態的關係。[24]

路易斯巧妙地掌握了這一點，他將婚姻關係比作舞蹈或季節的變化。路易斯寫道：

> 悲痛跟隨著婚姻，就像婚姻跟隨在追求之後，或秋天尾隨夏天而至那樣正常。悲痛不是流程的截斷，而是流程中的一個階段；不是舞蹈的中斷，而是下一個舞

姿。[25]

由於我們討論的關係，是建構認同的關係，因此死亡會對失者造成人際關係的危機。對悲痛的「疑問」，往往圍繞在思索重要的人——此人的存在，使你的人生有著某種程度的意義——逝世後，日子該怎麼過下去。但在質疑我們在失去死者後，該如何活下去時，也等於間接地懷疑自己：如今我們的生活核心不見了，我們會變成什麼樣子？

悲痛的形式對象——令我們悲傷不已，並在悲傷時牽動我們關注的事物——是逝者死後，與生者之間必然會改變的人際關係，其中還包括了我們對未來可能性的希望或期許，這個論點符合了我們設定的，適切描述悲痛本質的標準。

首先，由於悲痛過程中，生者與死者關係的改變或關係受到破壞，是那麼無處不在，因此這種觀點能成為闡釋悲痛本質的有力候選者。我們投注實踐身分的人一死，自然會使我們全心關注對方的死，即使（例如）死者或失者都沒有因死者的離世，而遭受任何利益損失。須注意的是，他人的死所造成的關係改變，未必得是大規模、全面性或創傷性的，才會引發悲痛。我們會在第三和第四章中詳細探索，另一個人的死亡所引起的關係「危機」，同時也是實踐身分的危機；我們根據實踐身分來評價自己，為自己的舉止找到底氣。我們會受悲痛之苦，部分原因是失去他者迫使我們重新配置自己的實踐身分。對失者而言，這種威脅是道德上的，而非字面上或身體上的。[26]

但這些「危機」可能很溫和，僅需對實踐身分作微調。例如，我們應該會料到，醫生對長期患者的死亡，與該患者的配偶、手足或同事對患者的死，會有不同的悲痛方式。但每位失者都將被迫修改自己與死者的關係，即使只是用微調且容易掌控的方式。悲痛的強度、調性和持續時間各有不同，恰恰是因為關係各有差異。

但這些變化——遭逢他者離世的各式內在與人際關係變化——並不難解釋，如果真的如我所說，悲痛的形式對象是失者與死者間的關係轉變的話，不同的死者與失者之間的關係，在許多面向上會因人而異。因此，一個人的死，會如何改變這種關係的可能有多少，悲痛的樣態就會有多少種可能，因為關係各自不同。所以同一個人，不會用同樣的方式，為不同的死者悲痛；而不同的人，也不會用同一種方式，去為同一位逝者悲痛。

這留下了最後一個悲痛的特質，想適切地說明悲痛的本質，就必須解釋這項特質：各種喪慟經歷的統一性。也就是說，構成悲痛歷程的各種感情狀態和選擇，應被理解為統一的反應，而不是一連串互不相關的反應，它們都是因為另一個人的死亡而引起的。由於悲痛關注的是死亡造成的關係轉變，悲痛歷程很可能包含各種狀態與選擇，它們反映出我們與死者之間，有時還挺複雜的關係。舉下列一個相對標準的悲痛歷程為例：一名成年人為年邁父母的去世而悲痛。子女與父母的關係，在情感的變動上，往往是驚人地複雜，原因之一是雙方在

關係中，都經歷了戲劇性的個人變化。孩子天生脆弱、事事依賴父母；成長中為求獨立自主，與父母爭執亦是司空見慣；及至孩子長大成年，開始工作，或許自己也有了小孩，父母與子女的角色便會有一段時間重疊，子女可能會試圖複製或抗拒自己與父母之間的關係。在這個階段，父母與成年子女算得上是同儕關係，之後便轉入下一個階段了：早期的關係會顛倒過來，父母在物質和情感上，變得依賴成年的子女。親子關係的每個時期或階段，都會有特定的情緒模式特徵。鑑於親子關係過程中出現的繁雜情感，因此若父母的亡逝──我已論證過，這會觸發成年子女，聚焦於失親如何改變自己與父母的關係──會產生同樣繁雜的情緒反應，也就不足為奇了。我們在悲痛時，情緒狀態會因應與死者關係的不同面向（或我們希望與死者能維繫的關係），而發生波動。失去父母所造成的悲痛，幾乎沒有一種情緒，是我們覺得不可能有的：有常見的難過，但也會有感激、怨恨、困惑、恐懼、懊悔、懷念、內疚、喜悅等。這未必意味著悲痛歷程的各個階段，跟親子關係的各個階段間，有一對一的相應關係。但悲痛的歷程，往往會重演──至少在某種程度上──失者與逝者關係間的種種情緒。這又反過來驗證了一項預設，即失者和死者之間愈是親近，或愈有認同感，便可能在悲痛過程中，產生更複雜的情緒。

悲痛的形式對象，是失者與死者之間的關係改變，這個觀點解釋了悲痛過程中的各種行動與選擇，如何構成一個連貫的整體：悲痛歷程中的特定情感狀態，是針對與逝者間的不同面

向而生的，但整體而言，悲痛的對象是死者去世後，必然引發的關係轉變。因此，我們可以把悲痛中常會出現的疑惑，視為失者想把悲痛相關的情緒和選擇，與死者及兩人之間的關係進行連繫的嘗試；其次是，失者想把各種悲痛相關的情緒和選擇連結起來，以便全面掌握自己與死者的關係，以及該如何好好維護那份關係時的嘗試。

關於悲痛的形式對象還有最後一點：我之前說過，無論是死者或失者，悲痛的重點都不在於利益受損。悲痛的形式對象是死者去世後，兩人關係的轉變，這點有助於我們看清，為什麼利益受損，一開始會被誤認成悲痛的形式對象。許多喪慟案例，會被歸根於失者、死者，或兩者的利益岌岌可危。因此，死者的離世，想當然爾會引發情緒反應，關注失者或死者可能因死亡而失去的特定財物。於是失者將大部分的悲痛活動，用於關注這些損失，試圖識別、量化、表達，甚至對抗它們。但我要再次強調，即使雙方的福利並無損失或受到威脅，失者還是可能悲痛難抑。

九、為死者悲痛

據我估計，還有最後一層考量，能有力支持我對悲痛形式對象的觀點。

到目前為止，我們僅分析了悲痛，但並未考慮失者個人對死亡的信念。我們知道許多人相信，死亡不是存在的終點，而

是一種形而上的轉變，尤其是宗教信仰者，但有這種信念的人並不侷限於他們。這些人相信死者雖不再以一般世俗的狀態存在，但死後依然不滅；持有這種世界觀的人，對死後的情況，以及決定這種情況的因素有不同見解：有些人相信靈魂得救或下地獄；有的人相信生命以其他更具體的情況延續，如輪迴；有人相信靈魂不滅；有人相信肉體復活。但所有信徒都否定死亡會終結一個人的存在。簡而言之，人有來世。

相信來世的人，會為他們挹注實踐身分的死者悲痛。這些信仰者所悲痛的，顯然不是死者不存在這項事實，因為在他們看來，死者**確實**還存在。但如果採用我的立論之外的觀點，去審視悲痛的對象，便會很難理解他們的悲痛。

假若悲痛的對象是死者失去的幸福，或許能解釋**某些**來世論者的喪慟實例。例如，如果一個人相信死者因不夠虔誠或敗德，注定要遭受永恆的折磨，那麼來世論者可能會為死者將要面臨的苦難而悲痛。不過當然了，並不是相信來世的失者，都認為他們悲痛的對象，注定會下地獄。教宗若望保祿二世（John Paul II）的死，令天主教大眾悲痛不已，（但我想）他們應該認為教宗得救了，而非被打入地獄。來世論者甚至會為那些較名不見經傳的人悲痛（「他／她／他們正從天堂俯視我們」），儘管他們篤信死者經歷的是極樂，而非折磨。事實上，在基督教徒和非基督徒中，對地獄的信仰都在下降，尤其是相較於更持久的天堂信仰。[27]因此，來世論者必然相信，他們為之悲痛的死者，不會因死亡而受到傷害。的確，死者可能

會在死後失去一些世俗的東西；死者若能活得更長久，也許會過上更幸福或更有意義的生活。然而如果真的有來世，對許多案例而言，天堂永恆的幸福，將大幅逾越人間的損失。因此，來世論者發乎至情的悲痛，很難跟他們是為死者所失去的而悲痛畫上等號。

因此，來世論者必然是在為自己的某種損失而悲痛。什麼損失呢？請注意，這裡的損失，不是與死者的關係終結。畢竟死者不僅繼續存在，還可能繼續與失者連繫，反之亦然。失者常試圖與死者交流，彷彿死者依舊活著——對來世論者來說，這種交流不僅只是象徵性的。他們自認能與死者互動，反之，許多來世論者也認為死者會透過聲音、影像、符號等方式與他們交流。他們的關係依然存續，儘管與死者在世時的關係和軌跡有所差異。

如此一來，有關悲痛的對象，就只剩下我喜愛的觀點了：令來世論者悲痛的是，他們與死者的關係，再也無法同於以往了。他們的關係以「跟死者持續連繫」的形式存在，[28]這是唯一能夠呼應來世論者的悲痛，以及他們的悲痛如何受信仰體系影響的假設。

十、結語

因此，悲痛似乎打亂了哲學家賴以分析人類情緒的熟悉類別。悲痛很像標準情緒，既有實質，又有形式的對象；但悲痛

不同於標準情緒的是，它會對其對象產生積極的關注，並衡量關注對象的重要性。悲痛會持續一段時間，並影響我們的性情；這一點，悲痛與心情類似，卻又與心情不同。首先，悲痛有一個可以識別的對象，即喪失了我們與挹注實踐身分的死者之間的關係。其次，悲痛會有多種情緒狀態。將悲痛視為積極的情緒關注過程，注意對方的死所帶來的關係變化，確實能說明我們悲痛對象的多樣性，以及我們為其悲痛的多樣方式。

有了對悲痛本質更深入的理解後，現在我們可以探討幾項與悲痛相關的關鍵倫理問題了。

- 參與悲痛活動，也就是說，關注因他人去世而改變的關係，如何能帶來益處，或有可取之處——尤其悲痛總是引來痛苦或煎熬？如果有好處的話，我們為何應該高興能有悲痛的機會？悲痛究竟有什麼<u>益處</u>？
- 從哪個層面看，悲痛會是一種對失去親友的<u>理性</u>反應？
- 如果有的話，我們如何將悲痛理解成一種道德責任？悲痛如何可能成為<u>義務</u>？

現在就以我們對悲痛本質的闡述，來檢視這些問題。

第三章

在悲痛中尋找自我

　　傑克・路易斯經歷了一段艱辛的悲痛期，這也許說明了為何應該避免悲痛，甚至畏懼悲痛——雖然方式與古代哲學家所提的不同——：悲痛也許會造成心理負擔，甚至折磨。閱讀路易斯的悲痛歷程，是一個痛苦的經驗。喬伊的死，造成他極度痛苦，使其心亂如麻；無論他的磨難有何益處，都無法與他所經歷的劇痛相比。看到路易斯的悲痛歷程，我們幾乎會希望能完全擺脫悲痛。

　　但與此同時，即使路易斯可能從悲痛中獲得**較少**的益處，但我們還是難免覺得，如果他**完全不**難過，對他未必是好事。雖說，沒有悲痛似乎能解決路易斯的問題，但如此一來，也許只會剝奪他這段珍貴且特別人性化的經驗。用醫學來類比，也許不悲不痛，會消除他的「症狀」，但並不會解決潛在的疾病。即使悲痛有時非常痛苦，但沒有悲痛，我們真的會過得更好嗎？

　　為了驗證這個假設，我們來看看另一位二十世紀著名思想家所著的，一部關於悲痛的小說兼思想實驗。

阿爾貝・卡繆（Albert Camus）的《異鄉人》（*The Stranger*），也許是關於存在疏離（existential alienation）最知名的文學作品了。小說主角莫梭（Meursault），無論是對工作或人際關係，都無任何情感的共鳴。除了對性和報復的渴望之外，莫梭對周遭的世界反應冷淡，他是看似冷漠世界裡的一名異鄉人。卡繆用悲痛（或欠缺悲痛）來結束莫梭的故事，並非出於巧合。

小說開始時，莫梭準備動身前往「媽媽」的葬禮。儘管莫梭對母親的死，主要反應是全心參與葬禮的後勤工作，但讀者仍預期他多少會以傳統的方式悲痛。因為在莫梭出發之前，似乎有意地表現出庫伯勒 —— 羅斯假定的[1]「悲痛的第一階段」——否認：「就目前而言，感覺就像母親並未真正死去，葬禮應該會讓我更清楚地感覺到吧，像蓋上公章等等之類的。」[2]然而，莫梭隨後的「悲痛」是如此虛情假意，根本很難稱得上是在悲痛。莫梭雖然很清楚與追悼相關的各種習俗，但他拒絕瞻仰母親的遺體。葬禮期間，還把時間花在關注周遭的細節及其他追悼者身上。莫梭應該悲痛的對象——他的母親——幾乎完全沒被他放在心裡。莫梭參加了傳統的追思儀式，卻不悲不痛。

後來，莫梭在受審時，檢察官壓根不提任何莫梭被控謀殺的相關事實證據，反而傳喚品德見證人，證明莫梭對喪親無動於衷。根據這些見證人的說法，莫梭對母親的死，反應竟是飲酒作樂，他既未為母親「流過一滴眼淚」，也沒有在她的墳前

流連不捨。莫梭在翌日前往享受「無恥的狂歡」之前，還抽了
一根雪茄，喝了拿鐵。莫梭的律師終於識破檢察官在策劃什麼
了，他抗議道：

> 「我的委託人是因為安葬他的母親受審，還是因殺人
> 而受審？」他問。
>
> 法庭上傳出竊笑聲，但這時檢察官跳起來，將長袍披
> 到身上，表示很訝異他的朋友竟如此天真，未能看出
> 案件的這兩個要素，有著至關重要的連繫。要他來說
> 的話，這兩項要素的心理是互通聲氣的。「簡言
> 之，」他用極度激烈的語氣總結道，「我控訴囚犯在
> 他母親葬禮上的行為，顯示在他內心中，已經是名罪
> 犯了。」[3]

最後莫梭被定罪了，不是因為他在海灘殺死一名阿拉伯人，而
是因為他沒有悲痛。

《異鄉人》當然不是傳統的喪慟回憶錄。例如，莫梭沒有
做任何自我探索，亦未歷經我們在路易斯《卿卿如晤》中所看
到的情緒煎熬。莫梭不願意（或者無法做到）悲痛，反映出他
對別人和世界的深刻疏離或淡漠。對他來說，悲痛只是（正如
卡繆本人後來解釋的那樣）他碰巧拒絕玩的「遊戲」罷了。[4]

《異鄉人》當然是虛構的作品，沒有要成為生活指南的意
圖。我們或許不會想把莫梭當成楷模，但路易斯生動刻劃的悲

痛之苦，可能會讓我們有點希望能像莫梭那樣淡漠地對待他人，以免陷於悲痛。想擺脫悲痛的理由很充足：研究人員得出結論，在主要的生活壓力源中，失去親友（例如我們的父母或配偶）的悲痛排名極前，超過失業、離婚或監禁的壓力。[5]悲痛可能看起來像生病，因為失者可能呈現出悲痛的身體「症狀」，例如失眠、消化困難、顫抖和呼吸急促。有時悲痛會扮演致我們於死地的角色。[6]因此，何不將莫梭的無法悲痛，視作疏離狀態的意外益處？

路易斯的經歷，闡明了人類有充足的理由，對悲痛抱持矛盾的態度。也許路易斯的悲痛，終究對他有害。[7]我們嗟嘆路易斯的錐心之痛，但就此推斷不會悲痛更好——就悲痛而言，莫梭的狀態比路易斯更佳——還是失之草率。我們也許希望路易斯**不要那麼**哀慟，但把悲痛稱為遊戲——一個除了輕佻之外，不具更大意義的動作——，則是輕貶了悲痛的經歷。假如莫梭的欠缺悲痛，曝露了他的缺乏人性，那麼我們的悲痛，則揭示出我們的人性。悲痛固然痛苦，卻十分重要，而且有種難以言說的**益處**。試想像你的直觀感受：那些關心路易斯、希望**他好**的人，會更喜歡哪一樣？是希望他經歷為喬伊悲痛的情緒波折，還是寧可他跟莫梭對**失恃**的反應一樣，無憂無慮、壓根沒有明顯的悲痛跡象？[8]我會賭前者。即使是極度痛苦的喪慟經歷，失者仍能得到一些收獲。因此，世上的莫梭們，並不會因為避開悲痛而過得更好；如果他們不這麼想，對他們來說只會更糟。

我們若是思索對經歷悲痛的人該如何反應，基本上會作出相同的結論。通常的情況下，別人正在受苦，會為我們提供一個減輕他們痛苦的道德理由；但特洛伊‧喬利莫（Troy Jollimore）觀察到，消除痛苦的責任，似乎不適用悲痛所帶來的痛苦。對失者表示支持，能改善他們的處境，或使其更易於承受喪亡。但這並不表示，試圖完全消除他們的悲痛，不會引起道德上的反感。如果你有一顆能「消除」經歷他者離世的朋友悲痛的藥丸，把藥拿給朋友似乎並不妥當。[9]我們沒有排解悲痛之苦的義務，這表示，悲痛在某種程度上，對失者是具有價值的。

然而悲痛對我們有益（至少可能對我們有益）這點，卻很難與悲痛的**感受**——即哲學家口中的「現象學」（phenomenology）——相吻合。悲痛必然會造成一定的精神痛苦。恰如我們在第二章中所提及，除了痛苦之外，悲痛通常還伴隨其他情緒，如憤怒、罪惡感、困惑和迷惘，許多都是糟糕的情感狀態，也就是說，我們並不喜歡那樣的狀態，往往會設法規避；悲痛的情緒狀態讓人覺得糟透了。讓我們回想一下，路易斯受悲痛所擾——他不僅傷心難過，而且驚懼害怕，惶惶然不知所依。他的喪慟經歷說明了遭逢喪亡常令人煩亂，有時甚至害怕。我們該如何解釋，才能捍衛「悲痛對路易斯仍有**好處**」的這個直覺感受？

我將以下這些觀察的綜合結果，稱為**悲痛的悖論**：

- 悲痛感覺很糟，因此應該避免悲痛，或悼念即可。
- 悲痛有其價值，因此我們（以及其他人）不該徹底躲避，且應該對悲痛的經歷心懷感激。

談到悲痛的價值，我心中所想的是，悲痛對失者的價值——我的悲痛如何對我有益，你的悲痛如何增益於你，而路易斯的悲痛如何帶給他益處等等，這並非否認悲痛能有其他方面的益處。與失者同悲，或一起參加儀式，對他們或許能有好處，（例如）給予他們安慰，或增強我們與失者的關係。從這層意義上來看，悲痛可以引發各種**道德上**的好處。[10]但是顧及悲痛自我中心的本質——它如何應對失者與死者之間的關係轉變——，悲痛的悖論涉及到，失者雖**覺得**悲痛很糟，但仍**對自己有益**的觀點。本章會對這種弔詭現象，提供部分解決方案；我會在下一章提出完整的解決辦法。

透過觀察，可以看得出悲痛的悖論是真實存在的，因為其他壓力山大的生活事件，並無類似的矛盾狀況。例如，監禁不太可能出現矛盾，監禁或許會帶來一些好處，但我們不太可能為了他們好，而推薦或想要我們關愛的人去坐牢；失業也不存在矛盾現象，失業或許會帶來一些好處，但我們不太可能為了他們好，而推薦或想要我們關愛的人去失業。而且我們也不會認為一個人，一輩子沒被關過或失業過，叫做不幸，或人生過得不完整、有缺憾。相較之下，悲痛往往有助於人類邁向更完滿的生活，因此，悲痛**有一些**值得推薦之處。若非如此，「一

個不曾悲痛的人，會被視為幸運兒，就像一個很能忍痛的運動員，或一個在多數人會被嚇破膽的情況下，仍無所畏懼的冒險者」。[11]然而對悲痛免疫，應該不算是好運吧？

現在的問題是，悲痛有何值得推薦的？——換句話說，悲痛有什麼好處？要適度解決悲痛的悖論，似乎得確認其優點，然後說明這種好處至少**有的時候**能使失者受益。請注意這個「有時候」：我們不該期望每場喪慟經歷，都能證實對喪慟者有益。有時經歷他者死亡的過程中的痛苦和其他負面情緒如此持久而強烈，無論能從中獲益什麼，都無法與失去他者的負面效果相提並論。解決悲痛的矛盾性，並不需要每場經歷都嘉惠失者，我們僅須證明悲痛**可以**對我們有益，而且有益的悲痛對我們來說，是切實可行的。只需展現悲痛**看似矛盾的**有益範例，便能令人滿意地解決這項悖論了。

欲尋找能化解這項矛盾的益處，並不需找出悲痛**獨有的**優點，因為悲痛的價值，很可能與其他的活動共享。儘管如此，我還是希望能找出一種至少很具悲痛特色的益處，一種透過悲痛，**特別**能獲得的好處——我們也許能透過各種方式實現這種優點，但借助悲痛尤其能夠理解。甚至，悲痛應該格外適合我們去理解那種好處，而其他活動不可能辦得到；無論經歷失去能帶給我們什麼好處，悲痛作為理解那份好處的工具，應該要是無可替代的。

一、悲痛活動及其目的

為了確認悲痛的好處，我們必須重溫前面章節提到的一些重要觀點。第一章確立了，我們會為那些使我們有幸福感的人悲痛，他們的存在融入了我們的實踐身分，他們是我們各種計畫、承諾和關注的基礎。我們在第二章確認悲痛的過程有許多階段，是一種滿載情緒的活動，失者會關注自己與死者失去的關係，所謂的「失去」未必表示（通常也不這麼意味）與死者的關係結束；相反，悲痛的「倖存者」之所以悲痛，是因為死亡改變了自己與死者的關係。如同我們在第二章中所見，這種對悲痛對象及悲痛本質的說法，闡明了悲痛對象的多樣性，以及悲痛所引發的各種情緒。

用這種角度理解的話，悲痛會有什麼好處？

讓我們回到「悲痛是一種活動」的觀點。我在使用「活動」一詞時，並無任何技術性的概念。之前我舉支付帳單為例，即使典型的活動範例一樣平淡無奇：組織會議、玩遊戲、張羅一頓飯、寫電郵草稿。我提出，相對於恐懼、憤怒等情緒**狀態**，悲痛是一種由情緒驅動的活動。我們已經列舉了活動與狀態的兩種差異方式，活動往往持續更久，且更積極，因為活動需要由我們主動發起，且至少有一部分透過我們的判斷、選擇與行動來推動。付款人對眼前的事實作出回應（應付金額、到期日等），判斷如何處理最佳，然後根據這些判斷來採取行動（例如以線上支付）。這個例子進一步說明活動的兩個特

徵：活動有不同的環節或階段，一項活動可以拆解成構成該活動的其他任務或行動；最後，活動是有目的性的，它們有自己的目標，或想獲得的好處，所以支付帳單、組織會議和悲痛，都是有道理的。

悲痛的最後一個特徵——悲痛有一個目標或重點——是識別悲痛獨特益處的關鍵，也是開始解決悲痛悖論的關鍵。因為一項活動的好處，反映在它的目的上：一項成功的活動，在實現目標時，對參與者都有好處。付款人在處理完需要支付的帳單後，便算成功完成活動了；會議組織者在受邀者抵達，並有效地開展共有的業務，活動便算功德圓滿；等等。同樣地，在悲痛的情況下，任何可算是成功的悲痛，都會呈現悲痛特有的益處。現在問題變成了：根據我們掌握的悲痛特質、對象等所有證據，有什麼目的是可以合理地歸給悲痛這項活動的呢？

把悲痛與其他情緒狀態作比對後，悲痛的目的便會開始浮現。把悲痛與恐懼（又一次地）作比較，在典型的情況下，無論引發我們恐懼的是什麼，恐懼都會立即揭示那件事對我們的重要性：該事實對我們自己或我們所關心的事物，構成了威脅。恐懼或多或少，會立即並一次性地揭示其客體的重要性。因此，恐懼符合了情緒的狀態，也就是情緒是對重要事物的「當場」感知或判斷。請注意，這並不表示，我們能立即瞭解對象或它的可怕之處。畢竟，我們可以審視自己的恐懼（我們為何怕黑？），但恐懼的客體很少會帶給我們更深入的挑戰或困惑。

　　另一方面，悲痛是一種會隨著時間推展的活動，主要是因為它不會立即或直接地，揭露其形式對象的重要性。對失者而言，悲痛的實質對象——也就是對我們的實踐身分至關重要的人士逝世——是顯而易見的。我們能快速地掌握悲痛的起因：因為我們在乎的人死了。但要全然接受悲痛的形式對象——因死亡而造成與死者關係的改變——則往往更加棘手。一方面，我們必須處理的情緒「數據」量可能非常龐大，我曾說過，悲痛是我們「發動情緒數據轉儲的心理方式」。[12]我們在第二章中看到，悲痛的歷程涉及許多情感狀態——當然有哀傷或痛苦，但也有憤怒、內疚、焦慮、喜悅等。這樣琳琅滿目的情緒，使得我們的悲痛過程，更加難以說清楚。畢竟明明是同一件事，怎麼可能讓人時而憂傷，時而憤怒，又時而焦慮？我在第二章中提出，我們在悲痛歷程中感受到的各種情緒，是我們關注與死者關係中的各種因素的方式。悲痛時的焦慮感，透露了一些我們與死者的微妙關係（很可能是我們對死者有強烈的依戀）。悲痛過程中的憤怒，揭露了關係中的其他事項。內疚、喜悅，或悲痛期間出現的任何其他情緒，亦是如此。每種情緒都讓我們注意到，我們與死者間特定的關係特質。然而，悲痛時的種種情緒，使得悲痛的對象——也就是我們悲痛的真正**原因**——更加地難以捉摸。

　　悲痛的難以駕馭和無法預測，更加劇了這項挑戰。就像路易斯對喬伊的悲痛逾恆所證明的那樣，悲痛有如雲霄飛車，是一種起伏不定、非線性、忽起忽落的過程。就在我們自認為快

要可以應付悲痛時，悲痛又給我們帶來新的，甚至是相互矛盾的狀況。正如蒂蒂安在《奇想之年》所說的，悲痛「來如潮水，一波波襲來，突來的心慌令人雙膝發軟，不見其然，不知所以」。[13]

之前我提到，悲痛需要行動者像演奏家般即興創作；無庸置疑的是，失者的工作，比音樂即興更加艱鉅。即興演奏者至少可以事先讀譜，並預測接下來的音符，失者通常只能對撲面而來的各種情緒見招拆招、步步為營。

因此，悲痛會造成其他情緒狀態中並不常見的困惑或迷惘，便不足為奇了。因為悲痛不僅會揭露大量的情緒數據，而且還不按常理出牌。我們通常不會努力理解悲痛的原因，但我們常會努力去理解，那些原因哪裡對我們重要。結果，我們在掌握與死者關係中的重要事項時，往往躊躇不決；在這個過程中，似乎唯有這些事項出乎意料地重新浮出水面，才能自己解決問題。路易斯觀察到，悲痛「就像一條曲長蜿蜒的山谷，任何拐彎處，都能展現柳暗花明的新風景」。[14] 目前悲痛研究中最活躍的領域之一，是如何區分看似有礙個人健康的悲痛過程，意即「病態」的狀況。研究人員對病態式悲痛的本質和普遍性，存在分歧（如「遲發性」悲痛──在死亡後遲遲才出現的悲痛情緒──或「複雜性」悲痛──持續不斷或異常劇烈的悲痛──出現頻率是多少）。[15] 儘管如此，所有人都承認，悲痛的過程並不像恐懼等，情緒狀態相對單純，人在遇到這類單純的狀況時，能輕易掌握事態的相關性，並在拉開與事態的

時空距離後，慢慢減弱相關的感受。就像路易斯的悲痛所證明
的，悲痛常令人陷於其他情緒不會出現的死循環裡。因此想掌
握整個悲痛歷程，格外困難，那是其他情緒狀態很少會有的難
題。

二、悲痛的回顧性

我稱悲痛活動的這個面向為**回顧性**（backward-looking di-
mension）；悲痛時，我們會回顧過去的關係，以便瞭解我們所
失去的關係。尤其關係親密的人去世後，我們往往也失去了一
份多重面向的關係。回想一下路易斯對喬伊的悲痛，他形容喬
伊是自己的情人、知己、批評家等。悲痛令我們困惑與痛苦的
部分原因在於，如何去描述、分類並概括一個人的存在，關乎
我們實質認同的各種方式。那些重要到足以引發我們悲痛的
人，跟那些無法引發悲痛的人去世，不能一概而論。他們的缺
席不是單純的形而上事實，而是對我們的個人史，具有深刻的
倫理上的重要性（甚至是價值）。我們悲痛的原因之一，是另
一個人的死，打亂了我們的實踐身分。[16]

然而對我們來說，這種干擾的確切性質，未必是一目瞭然
的。愛情在這方面，問題尤其尖銳。瑪莎·納思邦強調我們對
於愛情，有自欺欺人的傾向。我們經常對「愛誰、如何愛、何
時愛、是否愛」有矛盾的感覺。然後我們的問題就變成了：

> 在這種混亂（以及快樂和痛苦）中，我們怎會知道自
> 己的哪些觀點、哪些部分，是可以信任的？我們心中
> 所想，哪些是可靠的，而哪些又是自欺欺人的妄想？
> 我們忍不住要問，在這些毫無章法的雜音中，我們對
> 於愛情這項自利的老話題，真理的標準究竟在哪裡？[17]

由於悲痛的對象，是另一人的死所造成的人際關係變化，這種
變化能將關於愛的疑問，以一種震驚，甚至痛苦的方式，引到
我們意識的最前線。納思邦引用了馬塞爾·普魯斯特（Marcel
Proust）的《追憶似水年華》（*Remembrance of Things Past*），
來說明悲痛如何既能引發愛的問題，又能解決愛的問題。普魯
斯特書中未具名的敘述者，相信自己已不再愛阿爾貝蒂娜了，
直到他接到她去世的消息。然後他便深受日常小事喚起的回憶
所折磨，最後，他覺得對女人的愛，就像宗教式的啟示一樣，
震撼著他。普魯斯特的敘述者，對自己所受的痛苦感到震驚，
但這只是因為之前，他設法從自己的意識中，抹除了對阿爾貝
蒂娜的愛。正如普魯斯特所知，敘事者「曾誤以為我能清楚地
看到自己的內心，但這份連最敏銳的感知也無法給予我的認
知，現在卻透過突來的痛苦帶給我了，如結晶鹽般堅硬、閃
亮，且陌生奇異」。納思邦將這種情緒動態，溯源到我們有著
習慣掩蓋人際關係的真實本質，以及它們對我們的重要性的傾
向。我們習慣了我們的關係，不加批判地依賴它們來支撐我們
的日常生活，同時也忘記了自己對它們的依賴。因此納思邦得

出結論，普魯斯特的敘述者「因而斷定他並不愛阿爾貝蒂娜，部分原因是他已經**太習慣**她了」。[18]同樣的，蒂蒂安才會奇怪她的丈夫約翰，怎麼會在「一切都正常的時候」死去？[19]

悲痛衝擊我們的部分原因在於，我們傾向於把自己的實踐身分，建立在他人的存在上，但這些人的存在是有條件的，只是我們往往忘了這項事實。因此，悲痛使我們實踐身分的脆弱性和最終的條件性，赤裸裸地浮顯出來。[20]在悲痛的早期階段，常現出不可置信的狀況：「我無法相信他／她／他們已經走了。」這種話很難理解，這些陳述似乎表達出庫伯勒──羅斯所說的悲痛第一階段，也就是「否認」，但這似乎不夠準確。失者並非斷言自己**不相信**親人死了，[21]而是在表達親人的死令其匪夷所思。這種不可置信，標示出「單純地知道」對方的死，跟傾盡所有情感的悲痛之間，是有差距的。死亡尚未「深入人心」。瑞克‧安東尼‧佛塔克（Rick Anthony Furtak）對於知道對方已死，至悲痛之間的這段期間，做了精闢的描繪：

> 我們知道死者已矣，卻沒有深切的悲痛感，這跟試探性的假設很像，我們先是偷偷地認知──但這份認知中，並沒有深刻的信念，或生動的感性印象。如果我剛剛聽到所愛的人去世的消息，我可能在理性上接受了這個事實，卻未能全然意會到這意味著什麼。因此可以合理地得出結論，我並不完全**理解**這個人的死，

因為不帶情緒的知悉，跟全然的理解，是不一樣的想法。[22]

我們會試圖縮小悲痛的回顧性中的這一個差距，即從一個人逝世的**事實**，到意識到**誰**死了，以及他們的死對我們**為何**重要。這之間的差距，在很大程度上是我們傾向於忽略我們在實踐身分中對他人的依賴度所造成的。[23] 由於死亡改變了我們與死者的關係，悲痛使得我們不再可能把這些關係視為理所當然——我們這種討厭死亡的人，就是愛那麼做。因此，悲痛是一種情緒的劇變，顛覆了普魯斯特和納思邦所說的，能掩蓋他人在我們實踐身分中扮演的角色的習慣。[24]

　　並非所有引發悲痛的關係，都是愛情關係。但悲痛可能導致對愛情的追問，這是悲痛用更廣泛的方式，追究關係的鮮活例子。悲痛給了我們證據，證實那些關係的重要性[25]——用我們在喪慟經歷中，體驗到的憂傷、焦慮、憤怒等形式——同時也引發了對這種重要性的困惑。悲痛因此成為一種詢問「他們對我來說究竟是誰？」的機會。因此，悲痛是一種通往過去的特殊認知路徑。若沒有了悲痛，我們與個體的歷史，也許會永遠疏離。[26]

三、悲痛的前瞻性

　　然而，悲痛並不僅只聚焦於過去。瑪格利特・史卓比

（Margaret Stroebe）及漢克・舒特（Henk Schut）在針對悲痛提出的「雙軌歷程模式」中指出（Dual Process Model），喪慟者如上文的悲痛的回顧性所述，聚焦在以失去的感覺為主的情境裡；另一方面，亦會進入他們所謂的，更具前瞻性的復原導向（restoration-orientation）裡，即世界雖因另一個人死亡而改變，但他們會試圖從中重新尋找方向。失去他者的人會在兩者之間反覆擺盪。他們認為，回顧性的悲痛往往由負面情緒主導，而復原導向通常涉及較樂觀的情緒。最重要的是，史卓比及舒特相信，悲痛不是只有跟過去和解，才能「繼續前進」；反之，「在失去親友的痛苦中，重新思考及規劃自己的生活」，也應該是「悲痛的必要組成部分」。[27]悲痛的這個面向是**前瞻性**（forward-looking）的，重點在於經歷他人死亡之後，一個人該如何繼續生活下去。誠如我在第二章中所指，一旦攸關我們實踐身分的人往生，會引起我們與死者之間的關係危機。由於他們的死亡，會改變我們與他們互動的模式與可能性，因此，我們被迫改變我們與他們的關係。[28]

因此，我們既要面對**回顧性**的挑戰，理解與死者生前彼此關係的重要性；同時要面對**前瞻性**的挑戰，決定那份關係該如何安放在未來的生活裡。我們也許會把實踐身分持續投射在死者身上，但有些關注的問題、計畫及承諾，則必須拋棄，因為死者已無法在其中扮演原有的特定角色了（例如一個人不需要維持一間大房子）。其他項目或許可以持續，但需要重新設計或構思，以因應死者的離世（例如每年的新年派對可能得請外

燴，而不是自己掌廚）。甚至，有些關注的問題、計畫及承諾，因為死者已矣，而變得可行或是更有吸引力（例如，他以前搭船旅遊老是暈船）。除非失者無法認清事實，或處於極度的否認之中，斯人已逝，自己日後的生活將如何，還是有些選擇必須得決定。死者生前，這些選擇根本不重要，但因為他們離開了，這些選擇變得無法迴避，甚至十分迫切。有些陷入悲痛情緒的人表示「不知道如何走下去」。艾美‧赫賓（Ami Harbin）恰當地解釋悲痛是道德「迷失」的典型案例，是人生中「暫時遙遙無期」的重大人生經歷，使人「不知何以為繼」，往往讓人覺得「格格不入、陌生、徬徨無依」。[29]由於原本協助提供我們方向定位的人已逝，無法繼續為我們導航，這種因悲痛而生的迷失感，就像「遺失座標」（loss of coordinates）。[30]科林‧帕克斯（Colin Parkes）觀察發現：「一旦我們對世界的整套假設賴以存立的那個人去世了，這些假設便會突然失效。」[31]所謂悲痛的前瞻性，就是努力去確認，他者離世造成現實的變化後，我們如何延續與死者的關係。這種改變，是悲痛絕大部分情緒關注的焦點。我們的情感會聚焦在死者之上，因為不管多麼粗略，我們都會企圖確定現在及未來我們是否能夠、以及將會如何定位與死者的關係。

　　史卓比和舒特將他們的觀點稱為雙軌歷程理論，他們顯然認為，我所說的悲痛活動的前瞻性及回顧性，基本上是分開的。但我相信，如果能將二者視為單一活動的兩面，會更有幫助。[32]首先，我們可從其中一個過程，得到另一個過程的證據

或體悟。當我們思考如何在他者去世後繼續生活時，我們會思忖死者走後，我們的生活缺少了什麼，且當我們深思彼此關係的重要性時，可以借助自己努力生活，來瞭解他們對我們的意義。更深入地說，悲痛可說是一種生命**敘事的中斷**（narrative disruption）；我懷疑悲痛非得以敘事的方式存在，但悲痛的確可以是我們生命故事的關鍵分叉點，我們用生命故事來詮釋自己的選擇及行動。當攸關我們實踐身分的人去世後，會以不同的方式及在不同程度上，迫使我們調整我們的生命敘事，我們的選擇及行為都將與他們還在世時有所不同。但敘事的建立，同時涉及回顧與前瞻的雙向過程：為了構成連貫的故事，任何敘事者都須觀其全貌，各個環節得環環相扣。由於悲痛同時存在前瞻及回顧性，可視為是鑑於故事中某主角的去世，而修正一個人的生命敘事的活動。之前提出的「他們對我來說是什麼？」以及「我將如何走下去？」等疑問，須為一個更宏大的問題鋪墊：「過去的我，將來應該變成什麼樣子？」

四、自我認識及實踐身分危機的化解

我說過，悲痛源自與死者的關係危機。在某些悲痛的案例中，這個危機真的是名副其實的**危機**，是一個為期長久的嚴肅過程，以回顧及前瞻性的方式，反映出死者在我們實踐身分中的分量。其他情形下，例如名人偶像的去世，這個「危機」的嚴重度較輕，一個下午就能消化了。但不論這個關係危機的規

模有多大，它同時也是一個**身分認同**危機。因為，當我們探討我們與死者的關係時，既要理清他們對我們的意義，也要爬梳這份關係將來扮演的角色，並鑑別我們自己究竟是誰的問題。由於攸關我們實踐身分的親友去世了，至少原本的實踐身分已失去明確的認可或難以為繼，因此須予以修正或更新。「由於親友離世，彼此互動的實際預期已出現無可挽回的改變。」凱瑟琳・希金斯觀察道，「但一個人的認同感，有一部分仍繼續建立在與死者的關係之上。」[33]

即然我們身分的核心要素已經不存在了，將來我們會變成什麼？沒錯，悲痛涉及**我們的**損失，但許多經歷他者離世的人也表示他們失去了一部分的**自我**，疏離了他們原本熟悉的感覺、選擇及行為軌跡。[34]喪慟者常會表示：「我覺得失去了一部分的自己。」有些人甚至用身體上的缺損，來形容這種失落感。路易斯以截肢來比喻自己的處境。

> 割除盲腸的術後恢復是一回事，截斷腿則完全是另一回事。截完肢後，患者不是傷口癒合，就是奔赴黃泉。如果傷口復元了，便不再會有劇烈而持續的疼痛，病人可以重新恢復體力，靠著木製義肢四處走動。病人「克服病痛」了，但他終其一生，截肢處有可能持續出現痛楚，說不定還痛得不輕，而且他將永遠會是個獨腳男。[35]

這種不再完全認識自己、在原本熟悉的情緒環境中迷失方向的感覺，正是悲痛的目的及益處所在：如果悲痛代表一種對自己的無知——**不再認識**自己了——，那麼我們可以預期，成功化解悲痛的方法，涉及了自我認知的**重構**。我認為，悲痛的益處，就是**自我認識**。

讓我們想像自我認識在傑克・路易斯的案例中如何發揮作用。路易斯的難過沮喪，部分原因來自於失去喬伊供給他的各種好處（例如陪伴等等）。路易斯發現，悲痛造成的許多情緒，令他猝不及防，尤其是恐懼、尷尬與萎靡不振。喬伊留下的黑洞，幾乎瀰漫在他所有的日常裡，「彷彿籠罩一切，無處不在的天空」。[36] 路易斯在工作或忙碌之餘，一直會有種想法鑽進他腦海裡，一種「不對勁，缺乏什麼的感覺」，覺得世界「無趣、殘破、衰敗」。[37]

我們看到了路易斯的困惑與茫然，彷彿從他與喬伊共享的世界剝離了一般。他覺得自己變了，但他與世界的疏離，其實是與自己及原本的實踐身分疏離所致。老習慣、以前的地方和活動，失去了既有的味道，就連他自己的身體也在唱反調。

> 不論是洗澡、穿衣、起身坐臥，甚至是單純地躺在床上，一切都不一樣了，他的整個人生翻天覆地，原本習以為常的喜好與活動，都化為雲煙。現在，我在學著靠拐杖行走，或許我該裝個木製的義肢，但我永遠無法用雙腳走路了。[38]

路易斯的悲痛涉及悲痛的兩個面向：他回顧與喬伊的過往，同時在失去無可取代的妻子後，企圖找出自己的生活方向。他掙扎地確認喬伊在他過去的實踐身分中所扮演的角色，同時在他必須為自己打造的新實踐身分中，找到喬伊的分位。對路易斯來說，悲痛幾乎推翻了他實踐身分的所有元素：他學術工作的重要性、他的公眾形象，甚至是他的基督教信仰。

　　經由悲痛取得的自我認識並不一般，有別於我們知道自己戴著帽子、左手無名指會痛，或是很口渴等的自我認識。悲痛催化出奎西姆・卡桑（Quassim Cassam）所說的「實質性的自我認識」（substantial self-knowledge），是一種對我們的「價值、情感、能力以及快樂來源」[39]的認識。作為與其他人類共生的動物，我們的自我瞭解和實踐身分，在很大程度上有賴於我們與其他人共享的社交世界，悲痛反映出我們的實踐身分，與這個共享的社交世界的相融程度。這些身分認同假設其他人會在我們的計畫、承諾及關注點中，扮演各種角色，一旦那些人去世，就再也無法擔任這些原本的角色了。納思邦及普魯斯特強調道，他們的死，迫使我們脫離情感的舒適圈。就像所羅門觀察到的，親友的死，讓我們體會到自身的脆弱性，以及對他人的依賴；[40]這些事實，我們很容易在庸庸碌碌的例行生活中忘卻。然而當我們能從悲痛中脫困而出，形成新的實踐身分，以及一個更穩健的自我感覺，那是因為悲痛使我們更瞭解過去的自己，以及我們想要的未來。因此，自我認識是悲痛的目的及價值所在。悲痛是個神奇的哲學歷程，因為悲痛強迫我

們面對一個哲學的核心問題：我該如何活著？

　　當然了，悲痛不是人生中唯一可以激發實質自我認識的機會，但它確實是自我認識的特殊關鍵來源。尤其當悲痛的歷程來得格外強烈或持久時，我們會遭遇各種情緒的變化，也得以重新認識我們與死者的關係，以及我們的實踐身分的各種事實。人生在世，鮮少有其他經驗，能讓我們對自己有如此深廣的認識。此外，由於悲痛帶來的情緒非常熾烈，使我們更有動力去認識自我。情緒會觸發反省、深思及行動，悲痛時，很難避免悲痛涉及的內含情緒。誠如我們在第二章中所論，悲痛是一種持續性的、對我們與死者關係——一份無法再如既往的關係——的**關注**。這種情感上的關注，促使我們努力釐清那層關係的過去與未來。最後，悲痛在我們人生的轉折處，提供自我認識的機會。我們似乎需要這份悲痛帶來的自我認識，才能繼續向前走下去；若是缺乏這種自我認識，我們可能會滯留於過去，在已經不復存在的關係中膠著不前，或是在未能將這層關係融入我們未來的實踐身分的情況下，傻傻地「走下去」。因此，鑑於悲痛在我們人生重要時刻促成了自我認識，其價值彌足珍貴。悲痛既是重要自我認識的強大泉源，亦是促成自我認識的重要動機。悲痛在我們人生中出現的時機，不是其他自我認識的管道所能比擬的。至少，我很難想像還有其他經驗，能像悲痛一樣地促成我們的自我認識。

　　我認為，自我認識是悲痛最大的好處，以下我們將處理三大反對意見。

五、反對意見一：自我並非恆常不變

　　有些人不認為「自我認識」是悲痛的目的或益處，因為「自我認識」一詞可能暗示自我是靜態的實體，是一組永不改變的事實，只要掌握便能一勞永逸。可是在把自我認識說成是悲痛的好處時，我並未指說，自我是一種穩定的存在。悲痛這種受情緒驅策的活動，涉及多種情緒狀態，而每一種情緒，都會促使我們尋求這些情緒所表達的問題，以及為何需要在乎這些問題的理由。[41]如果失者感到憤怒，或許會覺得困惑或不知所措。為了處理憤怒的情緒，失者需要找出其中的脈絡，理清自己與死者的何種關係造成憤怒，甚至得評估這種憤怒是否合理。在理解我們的情緒時，尤其當情緒來得突然或有違情理時，我們會先假設這些情緒終將合乎情理：我們不僅是感受到這情緒，而且**應該**有這些情緒。這番假設最後有可能被推翻，失者可能得出結論，覺得自己的憤怒並不合理；但即使是那樣的結論，也代表自我認識的一部分（例如，失者應該把死者融入未來的生活裡，並盡可能地擺脫這層憤怒）。作為一種「質疑性」的情緒，悲痛會促使我們作兩種探究，當我們能成功地從悲痛中汲取收獲時，我們會明白，在沒有死者陪伴之後，自己的實踐身分將包含什麼元素——什麼計畫、關切的問題及承諾，會引領我們邁向未來。想要確認我們實踐身分的構成，會涉及盤點過去的計畫、關注及承諾，以及思考新的計畫、關注及承諾。尋找新的實踐身分，以適應親友死亡帶來的新狀況，

基本上是一段很務實的旅程，因為在悲痛的過程中，我們必須尋求一個我們可以**認可**的實踐身分。在此響應柯斯嘉的論點，實踐身分不僅是關於我們的事實陳述，也是我們評價自己的陳述，為我們提供了行動的理由和選擇的指引。我們在死者往生前的許多實踐身分的元素，會在我們悲痛期間重構實踐身分時留存下來。其他元素則更為新穎，例如，傑克‧路易斯繼續留在劍橋任教，但接下了新的角色，成為喬伊前任婚姻留下來的兩個兒子的「單親家長」。但我們透過悲痛而更加瞭解的自我，並非恆常不變的。

坦白說，「自我認識」這個詞大概只粗略地點到悲痛的益處；或許「自我瞭解」或「自我洞察」會更加貼切。無論如何，自我認識是悲痛的目的與益處的論點，完全與悲痛的經歷相符。

六、反對意見二：過度合理化

悲痛是最容易「透露真相」的情緒，[42] 所以迴避悲痛，或對悲痛漫不經心，甚至不當一回事，都對我們有害無益，因為如此將剝奪我們獲得自我認識的機會。我覺得為了避免悲痛造成的情緒動盪，而放棄這個機會，只有在很罕見的情況下，才屬於合理的做法。

有些人會認為，把自我認識稱作悲痛的好處，有將悲痛**合理化**之嫌，但我的看法不同，成功的喪慟經驗，最終會達到一

種理想的認知狀態，也就是自我認識。這在表面上看來，也許很像是把基本上很情緒的過程，轉變成基本上很理性的過程，但失者幾乎不太可能會用我剛才所說的方式，去看待自己的悲痛。尤其「天真爛漫」的喪慟者，更不可能透過悲痛去追求自我認識。例如，難不成要一個為寵物死掉而悲痛難耐的孩子，去追求自我認識嗎？

有幾個論點足以反駁這個歧見。首先，這種看法失之輕易地接受了情緒與理智對立的二分法。情緒不是單純與外界事實脫節的「愚蠢」狀態，情緒在產生及琢磨我們的理性判斷時，具有核心作用。我們已強調過，悲痛是一種滿載情緒的注意力，通常會涉及多種不同形態的情緒（哀傷、憤怒、罪惡感等），這些情緒，因我們與悲痛對象的關係而起。因此，悲痛使我們認識到自己在乎什麼，而這些我們在意的事，既塑造了我們的信念，也受到我們的信念影響。因此上述異議，忽略了情緒與理性判斷之間的互動。此外，悲痛的目的雖是一種知識狀態，而不是某種情緒狀態，但我們在獲取這種知識時，情緒仍是不可或缺的。自我認識雖是悲痛的目的或益處，卻無損於悲痛過程的情緒性，反而解釋了我們在悲痛中經歷的種種情緒，是如何彼此連貫，並進而轉換升華的。

其次，想像力可以在悲痛中發揮部分作用，提升自我認識。誠如所見，死者的離世，並未終結我們與他們的關係，而是激發重構關係的必要性。對於這種關係的探索，以及關係如何持續下去，有時可採取藝術或創造的形式來表達（例如日

記、剪貼簿等之類的）。我們與死者的交流，大部分將會是「想像式的」，也就是說，我們透過想像，與死者對話交談。[43] 這些交流並非是真實的；除非我們接受來世的存在，否則我們就不是**真刀實槍地**與死者對談，但這些對話也不能算是虛構。想像式的對話，得運用個人與死者的實際生活經驗，與他們作假設性的溝通。這種想像式的對談，可以支持馬修·拉克利夫（Matthew Ratcliffe）所稱的，與死者的「第二人稱」關係。[44] 假設失者看了一部電影，想到死者不知會有何感想，那麼從失者的內心角度來看，這種疑慮可能是第三人稱的：「他會怎麼想？」但也可以藉由想像，以第二人的稱方式對死者提問：「**你**會怎麼想？」這種想像式的參與，在悲痛的回顧及前瞻性上都十分好用，使我們既能掌握與死者生前的關係，又能與之建立新的關係。[45] 與死者的想像式溝通，在一定程度上是智性的，因為要仰賴對死者既存的看法，以及跟他們相處的經驗。但在另一方面，這是出於想像的，因為我們意圖將這份知識，擴展成新的現象，假設我們與死者交流的模樣。現代科技為這種想像式互動提供了新的形式，最近開發出來的聊天機器人（chatbot），使用了逝者在線互動的數據資料。此類聊天機器人透過預測分析，模擬死者與生者對話時的反應。假若這類聊天機器人取代了其他的悲痛形式，或明知這些互動是「超自然」的失者，將機器人視為死者本尊，那就太不幸了。然而此類技術提供了真正的機會，讓死者能在想像的層面上參與進來，建立持續的連繫。[46]

　　最後，我們必須區分以自我認識為目標的悲痛，以及把自我認識，當成**目標之一**的悲痛。悲痛與任何活動一樣，有好幾個環節，過程中會經歷不同的經驗和狀態。這些環節可能有自己的既定目標，且毋須與自我認識的目標相符。付帳單的人或會議籌辦者，有其更大的目標，但他們在這些活動的各個階段裡，並不用考慮到這項目的。隨著活動展開（按到期日安排帳單支付、維持流水帳的平衡等），他們反而會考慮更小、更次要的目標。活動的目標往往不是透過針對性來實現的，而是藉由聚焦活動的各個環節來達成。我建議，悲痛亦該如此：幾乎沒有人會在悲痛的過程中刻意追求自我認識，反而會對悲痛過程中的相關環節，抱有目的。例如應付哀傷或渴望的問題、處理他人的死所產生的法律問題、建立新的家庭生活模式等。失者對每個環節的參與，都可能對悲痛的終極目標——自我認識——有所幫助。若是如此，這也不太可能是因為失者在悲痛的任何階段，甚至是整個過程中，追求自我認識而達成的。自我認識是成功消化悲痛後的**副產品**，而非其明確目標。因此，悲痛的目的可能是理智的，但並非刻意追求而來的。從這個角度來看，成功或健康的悲痛，也許最好是間接得來的。為了獲得自我認識，而刻意陷入悲痛，可能會適得其反，就像刻意任性而活，往往也會得不償失。

七、反對意見三：悲痛不是以自我為中心

其他評論者或許覺得我把悲痛說得過於**自我中心**了。我們在悲痛時的許多想法，與我們自己和本身的狀態無關，主要是**針對**往生者，畢竟他們才是我們悲痛的對象。「從失者的角度來看……人的情感狀態是外放的：與世界的某些層面**相關**。」[47]批評者聲稱，斷言悲痛以自我狀態為目標（自我認識），會扭曲悲痛，使其成為一種自我為中心，甚至是自戀的狀態。

這種反對意見並非空穴來風，因為我們悲痛時的精神關注點，主要並不在自己身上，而是在別人身上。但我想提出的是，莫要被表相蒙蔽。

我們許多情緒，都與外界的事實有關。恐懼和憤怒，便是針對外界的事實而發；趕公車遲了，便害怕錯過車子，可是一旦看到車子開走，又會為錯過公車而生氣。然而其他情緒可能會**針對**我們自己，例如我們會對自己的身分或做過的事感到羞愧。那種情況下，羞恥是我們對自己的感受，而羞恥的相反，驕傲，亦是如此。我們對自己的身分或作為感到自豪，會有這種情緒，是因為人類的意識中包括了自我意識。我們可以感知周遭的世界，因此可以對周遭世界的事件，產生害怕與憤怒等情緒。但我們也有自我意識，因此會對自我產生情緒，從這些方式體驗到的情緒，是**反射性的**（reflexive）。[48]

對於目前的反對意見，可以用以下的方式重新表述：我將悲痛描述成與我們自己有關，尤其是與我們的實踐身分，以及

他人的死對這些認同造成的壓力有關。但悲痛及悲痛所帶來的各種情緒狀態，並不是反射性的。我們不會為自己而悲痛，是悲痛將我們的注意力引到了亡者身上。

在某種程度上，我在第一章就已料到會有這種反對意見了。第一章中提到，我們不會為所有的往生者悲痛，悲痛是有選擇性的，我們只會為那些我們在意的人而悲痛。我曾論證，逝者之所以重要，是因為他們已融入了我們的實踐身分，除非我們與死者有重要關係，否則很難解釋悲痛的選擇性。悲痛必須以自我為中心，我們關心的是他人的死如何影響我們，否則便無法解釋，何以我們會為手足及配偶的離世悲痛，而不是為我們的郵差或牙科醫生悲痛。以自我為中心的反應，自然會聚焦於自己，針對我們所失去的而發。

不過反對者可能會想知道，我如何用這種論點解釋一項事實：悲痛時，我們的許多想法，皆與死者有關，而非（顯然）與我們自己相關。

回想一下我說過的，悲痛代表一種情感上的關注。關注與悲痛一樣，也是有選擇性的，也就是說，關注是我們將精神投注於某些事項上，**而非**其他事物上的能力。悲痛時，（我說過）我們的注意力受到我們與死者的關係，以及死者在我們的實踐身分中如何扮演要角所牽引。並不是每一項關於死者的事，都會影響到我們的實踐身分和彼此的關係。以回憶為例，回憶本身就是一種關注過去的方式，而且絕對是選擇性的，我們的記憶很少能「照相式」般、鉅細靡遺地重現某些重要事件

或經歷。我們的情緒會影響回憶的內容與方式，因此我們往往記住情緒大起大落的事件。[49] 失者對死者或許有許多生動的回憶，但能夠記住的，則受限於經驗，而且可能只記住了情感上對他最要緊的事——用我的話說，就是那些與自己實踐身分相關，能展現逝者特質的事件。

不過需要注意的是，一個人的記憶是對自身經歷的記憶，即使本人並未出現在那些記憶裡。我們在自己的記憶中基本上是「不在」視線內的，除非是有情感的記憶。我們常會記得自己在過去事件中的感受；事實上，正是這些情緒，使我們記住了很多做過的事。因此記憶往往是一面鏡子，除了我們的情緒之外，鏡子裡看不到自己。

記憶的情況，更能廣泛地套用在悲痛上：看似與死者相關的想法，歸根結底，其實與我們自身有關。我們參與死者相關的事項，但這只是因為我們的實踐身分，使這些事項與彼此的關係相關。我們思念死者時，覺得並未想到自己，其實只是因為我們不是思念的對象，但其實我們就是那些思維裡的情感主體。因此，悲痛不是以自我中心，或悲痛是反射性的論點，實為錯覺，因為我們沒有意識到我們在追思時的情感因素。

八、健康的悲痛：
不是繼續過日子，也不是放下

本書的主旨，不在於直接意義上的治療。然而，只要在悲

痛期間，能更加瞭解自身的處境，便能達到撫慰或安撫的作用。本書提及的悲痛益處，勾勒出健康的悲痛可能會有的迷人模樣。健康的悲痛不像佛洛伊德（Freud）認為的，旨在切斷我們與逝者的連繫。[50]因為成功的悲痛，不會使失者與死者斷絕關係。我們與死者的關係通常可以、也應該在情感上及實際上持續下去。因此，悲痛的終點不僅是「繼續過日子」或「放下」而已。我的論述既不含流行的觀點——我們最好「不要放手」——也不主張無限期地舔舐悲痛，彷彿那是一種無法磨滅的傷口。[51]我的論述容許悲痛有時是暫時性的——死者去世後，或許會勾起對他們的回憶，有時我們會受到突如其來，及特定強度的刺激，而再度憶起往生者（例如聲音或顏色）。但這並不表示我們應該期待悲痛永遠不會減弱。正如東尼·華特（Tony Walter）所言，適當的悲痛，能讓我們打造出一部「歷久彌新的傳記」，把對死者的回憶，融入到我們的實踐身分裡。[52]良好的悲痛過程——能獲取益處的悲痛——與放不放下無關，而是**建立在**個人與死者過去的關係上。我認為悲痛通常至少會得出一個初步結論，當這個結論與自我認識相吻合時，悲痛便能夠為美好的生活作出貢獻。悲痛通常會在無預警，或沒有心理準備的狀況下結束。我在論述中完全沒有暗示，悲痛的結束取決於我們。悲痛的結束，在時間上毋須與自我認識相符，我們也未必總能意識到自己已經獲得這種好處了。實現這種好處，也許需要毅力與偶爾的努力。但如果我們不久便能獲得自我認識，就更沒有理由為悲痛感到懊悔了，也更有底氣向

他人建言，悲痛是人生百態的核心部分。

九、韌性、復原與遺憾

最近有幾位哲學家作出結論，認為我們可能有理由對悲痛展開的方式感到遺憾。許多研究發現，我們從悲痛中復原的速度比預期的快。例如，大多數人在配偶去世後約六個月，便會恢復到以前的主觀幸福水平。[53]一些哲學家發現，我們在面對悲痛時，明顯表現出來的韌性，在評論我們與重要逝者的關係時，頗為麻煩。哲學家們對於問題到底出在哪裡意見分歧：丹・莫樂認為，無論這種復原力是否表示往生者從一開始就對我們不重要，或若是缺少與悲痛相關的哀傷情緒，我們與死者的主要連繫便斷了，也無法瞭解他們對我們的重要性。[54]艾莉卡及萊恩・普斯頓——羅德（Erica and Ryan Preston-Roedder）擔心，那代表一種對死者的背棄。[55]埃隆・史慕茲（Aaron Smuts）總結說，缺乏這種悲痛，我們將不再關心死者，從而承受「自我死亡」的痛苦。[56]

我認為這些對於復原力和遺憾的擔憂，很大程度上是錯的，這不是因為悲痛永遠不會令人遺憾。例如，傑克・路易斯的悲痛，恐怕大多是徒勞無功的。他的回憶錄裡，幾乎看不到實現自我認識的跡象，而我認為這是悲痛的益處。隨著《卿卿如晤》的敘述，喬伊逐漸從視野中消失了。路易斯採取更不偏不倚的角度，審視自己的處境，從而尋獲安慰。他問道：「從

理性的角度來看，喬伊的死，給宇宙的問題，帶來了什麼新的元素？給了我什麼理由，去懷疑我所相信的一切？」[57]路易斯對這些問題的回答，基本上毫無根據。路易斯得出結論，他應該感謝上帝讓他擁有對喬伊的真愛，這份愛，反映了他對上帝的愛。於是他注意力從跟喬伊的關係上，轉移到與上帝的關係。鑑於路易斯的基督信仰，以及對神學議題的興趣，這種轉移是可以預期的。但他從未面對喬伊的離世所引發的恥辱感和絕望，也未細品悲痛期間種種情緒帶來的震驚與詫異。他沒有審視自己在悲痛期間的「自憐、沉溺、噁心的甜膩放縱」，這種放縱令他感到厭惡與驚駭。[58]對我來說，傑克·路易斯把自己從為喬伊悲痛，退居到一個心理上更舒適，但情感上卻更加貧瘠的領地，這種做法，可能剝奪掉他寶貴的自我認識。

所以悲痛**可以**令人遺憾，但我懷疑這些哲學家所擔心的復原力，會是造成遺憾的原因之一。首先，他們的某些憂慮，來自對死亡如何影響死者與生者關係的誤解。如我們所見，在大部分案例中，失者會維持與死者的關係。事實上，當失者能以新的形式，與死者繼續維持關係，悲痛的狀況似乎是最健康的。[59]因此，普斯頓——羅德認為，哀傷意外地迅速消退，與我們在面對悲痛時的「復原力」或韌性，等同於遺棄死者；但這點是站不住腳的，因為我們通常不會遺棄死者。史慕茲也擔心，這種恢復力意味著我們不再關心所愛的人，因此由關愛所生的自我定義，會隨之「消亡」，這點也不合情理。我認為往生者的死，需要我們作自我轉變（意即修正或更新自我實踐身

分），以因應死亡帶來的關係改變。這種轉變與往生者重不重要無關，他們的重要性只是無法跟生前完全一樣罷了。

莫樂認為，這種復原力瓦解了我們與死者的主要認知連結。我們的「情緒免疫系統」使我們過於快速地從強烈的情緒失落中復原。據莫樂的說法，這種「復原」的結果，便是我們的反應，不再依循死者對我們的重要性了。「我們失去的依然不變，」他聲稱，「即使我們的反應強度開始往基線急劇下降，但這條基線已不再能對發生的事，反映出恐懼了。」[60]結果是，我們看不出死者對我們的重要性，更有甚者，我們失去了「對自身狀況的洞察力」，[61]也就是說，我們對死者的重要性，產生了情感上的疏離。

莫樂對於悲痛的價值，得出了與我極為相似的結論——悲痛的價值在於讓我們洞察自身的狀況，也就是自我認識。我們會在第五章進一步探討，為何過早結束的悲痛，可能造成莫樂所說的遺憾。然而莫樂對於早早結束悲痛，應令人遺憾的論點，其實是建立在對喪慟經驗的狹隘認識上。

如果我們在經歷悲痛的過程中所感受到的傷心難過，就是悲痛的**全部內涵**，那麼悲痛消逝時，也許會令人遺憾，因為等同於斬斷了往生者對我們的重要性。但誠如所見，難過並非悲痛活動的一切，面對他者離世還涉及其他的情緒狀態，如焦慮、內疚、喜悅、憤怒等等。這些分量不下於難過的狀態，使我們與悲痛的標的保持「連結」。其他的情緒往往比難過更加持久，這樣的話，我們便算是從失去他者中「復原」到一定程

度了，因為我們的生活不再被難過的心情壓垮。然而，除了難過之外，與失去相關的其他情緒給了我們充足的機會，藉由悲痛持續對自身的處境挖掘新的洞見。如果我沒說錯，這種持續的參與，正是我們期待能夠發生的；出現這種情形時，便會產生實質的自我認識，因此不該把它視為造成遺憾的原因。我們到底該不該為莫樂所說的走出悲痛或復原，而感到遺憾，這是一個複雜而附帶的問題，取決於整體喪慟經驗，能否帶來自我認識而定。[62]

十、自我認識的優點

請注意，依我看，悲痛的好處不在於它的**感覺**良好。事實上悲痛也許**必須**讓人感到難受，才能產生自我認識的優點。當然了，有些人對我的這個結論——悲痛最大的益處，在於能培育大量的自我認識——或許不置可否。他們也許要問，這種自我認識到底有什麼好處？

我無法在此詳盡地討論，自我認識對我們有什麼益處，但我想先指出，自我認識顯然對我們具有**重要的**價值。我們需要瞭解自己——我們的信念、願望、抱負——才能得到大部分想要的事物。我們也需要有自知之明，才能理性地尋求自我進步。如果我們想在道德上提升自己，或改善我們的技能和習慣，那麼瞭解自己當前的道德價值狀態、技能或習慣，必定能從中獲益。畢竟，想要改變事態，便難免得瞭解事態，以及它

是容易感受到影響還是會抵制變化。知識即力量；自我認識是一種主宰自己的力量，與其他形式的力量一樣，為我們的目標服務。

我也認為，在悲痛的特殊情況下，自我認識能使我們達到一種理想的心理狀態。當我們獲得悲痛帶來的自我認識後，生活便有了更高層次、自傳般的連貫性或完整性了。從我們當前的角度來看，生活的整體有了更高的意義。我們在其身上挹注實踐身分的往生者，被納入我們當前的實踐身分裡；而在某種程度上，我們當前的實踐身分將存續於未來，隨而挹注到我們將來的生活中。因此，悲痛所帶來的自我認識，將使我們避開自我意識的疏離或分裂。

然而，自我認識的價值，不僅止於使我們重振旗鼓，取得自傳般的連貫性或完整性的有利狀況。事實上，自我認識本身便彌足珍貴，值得擁有。[63] 原因如下：

除了極少數的情況，人都是愛自己的。我們關心自己，為自己好。從我們的角度來看，我們的命運不僅是**某個人**的命運，而是攸關自己的，因此，我們會用力或不可避免地投身其中。[64]

我們也愛其他人，關心他們，為他們的利益著想。但不求甚解的愛——沒有去理解他們表面底下的慾望、情緒結構、承諾、計畫等——似乎很難算得上愛。假設湯姆聲稱愛著烏蘇拉，卻對烏蘇拉本人毫無好奇，我們便有理由懷疑湯姆是否真的愛烏蘇拉了。尤其我們會擔心湯姆，他對烏蘇拉的瞭解，僅

侷限在他為了**愛自己**，而需要知道的事項上——為了有效達成自己的目的，去瞭解他需要認識的烏蘇拉。他對瞭解烏蘇拉不感興趣，也許表示他是在利用她，而非真心為她好。假如湯姆非常瞭解烏蘇拉，他當然會更有效地關愛她：支持她的努力、不太會令她生氣懊惱、買更適合她的生日禮物等等之類的。因此湯姆不想瞭解烏蘇拉，就是**不珍惜**她。

可是湯姆對烏蘇拉絲毫不好奇，令烏蘇拉失望，並不是批判湯姆的唯一依據。渴望被愛跟許多其他事物一樣，是希望自己被看到、被理解——換言之，希望**被懂得**。我們希望別人懂我們，不僅是為了讓他人能更好地為我們服務，而是表面上說愛我們的人，必須瞭解我們，才是真正**珍惜**我們的表現。珍愛我們的人會考慮我們，關注並欣賞我們。這種態度會反過來，讓我們更能展現本質，使他們在某種程度上認同我們。[65]因此，瞭解我們所愛的人，其價值不僅在於使我們能更好地照顧他們；它本身就是一種極具內在價值的、照顧他們的方式。

那麼自愛（self-love）與自我認識呢？納思邦說的「對他人的愛」在一定程度上，也適用於自愛。當我們愛自己時，可能並不清楚自己愛的究竟是誰。對自己有了認識，便能把那份愛看得更透澈，讓我們能好好珍惜、欣賞自己。我們即使與自己日夜相處，有時還是可能像個陌生人。自我認識充實了自愛，就像瞭解他人是一種發自內心關愛他人的可貴方式一樣，瞭解自己也是一種從內關心自己、愛護自己的珍貴方式。

因此，假如我們有理由（如同我在本章中的論述）建議我

們所關愛的人，為了自身好，不妨擁抱悲痛，那便是因為悲痛能幫助我們認識自我，而自我認識既有幫助，又具有內在價值。如果我們為了自己，而關愛自己，那麼我們便有理由要自己好好接受悲痛，並感激悲痛賜給我們認識自己的機會。

十一、解決一部分的悖論

　　眼下就有一個悲痛悖論的解決方式：悲痛雖令人痛苦，卻能使我們收獲一大益處──自我認識，這點可以證明，我們受悲痛影響會比較好，而不要像卡繆筆下的主角莫梭那樣冷漠，同時也解釋了為何我們應勸他人擁抱悲痛。我們會在下一章看到，要徹底解決悲痛的矛盾，必須進一步檢視與悲痛相關的痛苦。同樣地，自我認識是悲痛的好處，這點大幅提高了悲痛的實質價值，而不是像一般所謂做個「了結」，或「逐漸接受他人已死」等虛無飄渺的優點。

第四章

從痛苦中獲益

回想一下悲痛的悖論：

- 悲痛太難受了，應予以迴避，或哀嘆即可。
- 悲痛是可貴的，因此我們（以及其他人）不該徹底迴避，而應對悲痛心懷感激。

精明的讀者會注意到，第三章完全聚焦在證實第二項說法，意即悲痛是可貴的。我們得出結論，悲痛的價值在於悲痛能成為自我認識的獨特來源。

我在結論中指出，悲痛能產生獨特的好處，但同時也能帶來極大的壞處——尤其是極度的**痛苦**——，使得整體看來，弊大於利。我們在導言中讀到，失去他者是人生中壓力最大的事件之一，也許意味著我們不該為了悲痛帶來自我認識的這點好處，而去承受悲痛的苦。相對而言，入獄或失業或許能有一些好處，但這些好處與「壞處」相比，顯得無足輕重或不夠重要，讓我們很難勸進我們所關愛的人，或做出我們應該感激

「有機會」被關或失業這類的結論。對於悲痛,為何不能有同樣悲觀的結論?

　　要徹底解決悲痛的悖論,就得檢視悲痛的各種痛苦,尤其是這些痛苦與悲痛的關係,還有跟悲痛帶來的自我認識的關係。本章提供幾種可能理解這種關係的方式,最後得出我覺得最可信的解釋。根據這種解釋,悲痛可以使其連帶的痛苦成為**良性的**——即使仍然令人痛徹心扉。

　　事先聲明:要令人滿意地解決悲痛的悖論,在考量個別案例的優缺點後,並不需證明每一種悲痛的案例,都對失者有益處。我們在前一章已看到,悲痛的活動未必能帶來自我認識的好處。要解決悲痛的矛盾,只須表明**許多**喪慟案例,對失者有益即可。

一、受虐狂

　　解決悲痛悖論的一種方式是,說明悲痛帶來的明顯心理痛苦,並不是痛苦的直截表現。自虐式的痛苦,便可能是偏離標準痛苦的一種方式。

　　大家很容易以為,痛苦與快樂是對立的排他狀態——任何愉快的狀態,定然不會痛苦,反之亦然,但實際上並非如此。亞里斯多德(Aristotle)將憤怒描述成快樂與痛苦兼具的狀態:憤怒的感覺很糟糕,但憤怒中混雜著想像報復加害者的喜悅。[1]正如休謨(Hume,譯註:蘇格蘭哲學家)所指,許多人

會主動從恐怖電影等藝術形式中尋求娛樂，雖然它們會造成焦慮或恐懼。[2]柯林・克萊因（Colin Klein，譯註：澳洲大學哲學院教授）提出其他快樂與痛苦並存的例子：做深層按摩、搖扯鬆掉的牙齒，或在「北極熊冬泳」（polar bear swim）活動中跳入冰寒的水裡。[3]

受虐式的快感很難理解，但它似乎在特定的體驗中融合了痛苦與快感。最重要的是，受虐狂不是**為了獲得**隨後而來的快樂，才去經歷痛苦。相反，受虐狂是一種狀態，面對相同的對象或狀況時，快樂與痛苦並存。克萊因認為，這些痛苦本身具有令人愉悅的特質，根源在於它們將個人推向了忍受的極限。克萊因指出，這就是為什麼同時體驗到快樂與痛苦的自虐，不會出現在輕微或容易忍受的痛苦狀態裡（例如手指隱隱作痛）。

我們可以把悲痛時的痛苦視作受虐嗎？如果可以的話，我們或許能解決悲痛的悖論。假若悲痛是一種自虐式的痛苦，那麼姑且不論悲痛帶來自我認識（如同我在前一章所言）是好是壞，悲痛時的心理痛苦本身便是好壞兼備的，壞處是很痛苦，好處則是失者體會到受虐的快樂。果真如此，矛盾便不成立了：自虐的痛苦並非全然不好——事實上，那也是一種愉快——，因此不該避免或感到哀傷。

我們會在第四和第五章中看到，我傾向認為，悲痛的一些特質使其痛苦不全然是壞的，但我對這種痛苦屬於自虐式的抱持懷疑。

現在問題是，悲痛的強度與持續時間各不相同，像傑克‧路易斯對喬伊‧戴維德曼的死，那種極度哀慟的例子，可能會把人推到情緒的極限，而導致精神崩潰等問題。如果克萊因說得對，受虐的快樂僅限於將我們推向忍耐極限的痛苦，那麼那些經歷喪亡而悲痛難抑的人，可能正在經歷受虐。但我們在第三章第九節中觀察到，大部分的喪慟案例，並沒有那麼嚴重或艱鉅。悲痛時的痛苦，比我們預期的減輕得更快速而徹底。因此，如果悲痛時的心理痛苦是受虐經歷的一環，那麼這些痛苦只有對格外痛苦或痛苦久久不散的少數失者有益。

更重要的是，我不知道有任何證據能證實，個人因悲痛而心中備受煎熬時，會同時體驗到某種形式的快樂。當然了，我們在悲痛期間所經歷的一些情緒狀態，是令人愉快的：如喜悅、平靜、對逝者的愛。但悲痛時的痛苦——哀傷、難過等等——並不會與某種愉快的感覺同時發生。因此，硬要說悲痛之苦有自虐特質，我們還是能從中獲得快樂，所以值得一悲，實在是說不通的。

二、痛苦vs折磨

第二種表明悲痛之苦不是痛苦的直截表現的辦法，就是提出，這些雖是真正的痛苦，但並不算是**折磨**（suffering）。例如，**邁克爾‧布雷迪**便認為，折磨遠不是經歷不愉快的感覺所能相比的。受折磨的人，一定會希望能結束這種難過的感覺。

而且根據布雷迪的說法，並不是每種不愉快的感覺，都會令人特別希望它停止。一個人在經過漫長興奮的對談後，也許開始覺得口乾舌燥、喉嚨疼痛。但若是在談話中受益匪淺，談話的人也許不在乎能否緩解喉嚨的不適。照布雷迪的說法，在那種狀況下，談話者並不會**介意**這種不愉快的感覺。[4]

假若我們不介意悲痛之苦，也許就不存在悲痛的悖論了。因為悲痛之苦固然真切，我們卻不會希望它們不發生；按布雷迪的說法，它們並不是那種折磨我們的痛苦。但話又說回來，無論悲痛能帶給我們何種益處（自我認識或其他好處），都不會與悲痛之苦相扞格。對我們來說，那些痛苦，沒有重要到需要我們去解決任何矛盾的地步。

布雷迪的論點有個瑕疵，他自己也承認，我們在悲痛期間，**確實**會介意悲痛之苦。[5]悲痛所帶來的哀傷、痛苦、渴望等，是很磨人的。我們在事後回顧悲痛之苦時，或許能從中看到可取之處，但在失去的當下，我們很難淡然面對這些痛苦，或單純地忍耐；我們會受其折磨。我在第一章指出，悲痛不是一種情緒狀態，而是對遭逢他者離世所失去的人我關係的長期情緒關注。我們關注這份關係，便會主動涉入痛苦的來源；這種關注，跟「我們不會介意所謂的悲痛之苦」的論調，實在搭不起來。

三、痛苦是一種代價

前面兩節試圖解決悲痛悖論的辦法,是否定與悲痛相關的心理痛苦是顯而易見地或單純地只有壞處。另一個辦法是直接接受悲痛的苦,把它們當成是為了享受悲痛的好處,所必須承擔的代價。在這種情況下,悲痛之苦,就只是表面上看起來那樣(痛苦)而已。可是如果悲痛最終能帶來一些益處(當然了,我已說過,相關的好處就是實質的自我認識),那麼為了獲取這項好處,這些痛苦至少有時是值得的。付出代價以換取等值或更大的利益,這一點並沒有矛盾,例如傳染病的預防接種;打疫苗也許很痛苦,但為了避免比接種本身更痛苦的疾病,這個代價卻相當合理。

但這種策略同樣不夠充分。首先,每當我們為了獲得某種利益,而必須付出某種代價時,我們會理智地想把代價降至最低。如果能用比我們「已付出」的代價更低的方式獲取利益,我們便會懊悔不已。但是成本的最小化,似乎不適用於悲痛。直觀上,經歷悲痛的痛苦程度,與痛苦能帶給失者的好處,似乎並無任何線性關係。在所有其他條件相同的情況下,對失者而言,心理上更痛苦的悲痛歷程(也就是說,痛苦的「代價」相對高昂),不會比痛苦程度較低的經歷糟糕。而心理痛苦程度較低的悲痛歷程,也未必比更痛苦的要好。原因之一是,悲痛過程中所感受到的痛苦,反映了我們與不同深度和重要性的個別經歷之間的關係。我們在第二、三章中強調過,悲痛是對

人間事的一種回應，因此就「值不值得痛苦」而言，悲痛對這些事實的理解，有可能對，也有可能錯。如果痛苦的種類和強度，與悲痛的對象相應，便是一種對我們有益的悲痛狀態。（第五章對這些問題有更詳盡的說明。）無論如何，悲痛期間經歷的痛苦程度，不能作為喪慟經歷對失者是好是壞的粗略指標。

因此，如果痛苦的代價這個說法看似合理，那麼希望悲痛之苦能降至最低，就很合情理了，可惜不然。更有甚者，這個說法隱含著最好的悲痛歷程，就是像莫梭那樣**完全沒有痛苦**。當然了，如果某種程度的心理痛苦是悲痛的本質，那麼「無痛的悲痛」也許根本不算悲痛。儘管如此，一個人似乎不太可能藉由迴避悲痛之苦而從中受益。喬利莫的論點（見第三章）指出，幫助他人「消除」悲痛，在道德上是不可接受的；該論點支持悲痛之苦的重要，缺乏這種痛苦對我們並無益處。雪萊・卡根（Shelly Kagan）同意道：

> 老實說，人通常不會希望失去所愛，但萬一失去了，難道你真的不想經歷任何的悲痛嗎？那樣似乎不對；當你意識到所愛的人去世時，無動於衷對你並沒有比較好，為失去而<u>痛</u>反而對你更有益。[6]

四、被痛苦吸引

以上三個策略，試圖藉由闡明悲痛之苦並不壞，或是還**不夠**糟糕，來解決悲痛的悖論。這些策略要麼與快樂混談（如受虐狂），並未上升到受折磨的程度，要麼談到鑑於悲痛的好處，有時值得付出情緒代價。但每個策略都因個別的特定原因，而告失敗。

然而，它們還有一個共通的缺點，這些方式都假設悲痛之苦**感覺**很糟，因此失者會厭惡這些感受——悲痛之苦**真的**很糟糕，但這卻背離了失者**渴望**悲痛的證據。

基督教哲學家聖奧古斯丁（St. Augustine）是位極為敏銳細膩的人類情感觀察家，包括觀察自己的情緒。他在《懺悔錄》（*Confessions*）中描述自己對從小認識的好友死去的反應。奧古斯丁生動地描寫出悲痛中常見的不知所措。他不理解自己怎會如此哀傷，「我成了自己的一道謎，」他寫道，「總是不斷質問自己的靈魂，它為何哀傷，為何如此令我不安。我的靈魂不知道該如何回答我。」[7]而且，他的悲痛就如傑克・路易斯一樣，瀰漫在他對世界的體驗中，「黯淡」了他觀察到的一切，和他的所有作為。

> 悲痛蒙蔽了我的心，不管我看到什麼，都飄著死亡的氣息。我的故鄉像一間牢房，而我的家有著陌生的不幸。少了他，我們曾經一起做過的事，變得只剩折磨

了。

奧古斯丁描述自己的不快樂很「奇怪」，但他無疑是哀傷而茫然的。他在面對朋友的離世——例如，當他從事以前與朋友共享的活動時——便會想起故友，而飽受折磨。

　　既然這種對抗對他造成折磨，奧古斯丁自然應該避開這樣的提醒，以避免隨之而來的痛苦，但他不僅沒有迴避它們，反而尋求能引發這種痛苦的情境。

> 我的雙眼不停地尋找他，他卻不在那兒。我痛恨所有
> 地方，因為都不見他的蹤影……我只能在淚水中找到
> 快樂，因為淚水已取代了至友在我心中的位置。[8]

　　奧古斯丁「不停」地尋找能追憶好友的事物，唯有在造訪他與好友經常流連的地方，才能從淚水中找到一絲「快樂」。

　　傑克・路易斯也是如此。「一開始我很害怕去 H 和我以前愛去的地方——我們最喜歡的酒吧、最愛的樹林。」他寫道，可是他「決定立即行動——就像飛行員在墜機後，盡速安排他再次升空一樣」。路易斯訝異地發現，竟然「沒有什麼不同」，因為喬伊的離去「在那些地方看起來，並沒有比在其他任何地方看起來更突兀」。[9]

　　蒂蒂安也面臨了奧古斯丁和傑克・路易斯所觀察到的迷惘。丈夫約翰的死，使蒂蒂安的身心脫序到令她憂心自己會發

瘋或精神錯亂的程度。「我好想停止哭泣，讓自己理智行事。」她說。[10]可是蒂蒂安也希望能召喚約翰的神靈，讓她能與死去的丈夫互動。

失者因從失去的痛苦中，找到一些**可取之處**，而或許不想結束這份痛苦，且發現結束痛苦會令人惋惜。孩子死於事故中的母親，幾乎一定會悲痛逾恆，但她也許非常不想結束這種痛苦。[11]

悲痛的悖論解決起來極為複雜，因為失者往往不排斥悲痛帶來的痛苦。他們有時的確會主動追求可能會引發痛苦的經歷，並擔心自己感受不到這些痛。表面上看來，這種傾向或許不大理性。渴求痛苦顯得有些病態，是一種罪惡或懺悔式的自我折磨，但這種渴求不能解讀成非理性。例如，失者不是不知道，「尋找」死者可能會令他們痛苦。無可否認，路易斯希望透過造訪他和喬伊熟悉的地方，去深切感受喬伊的謝世。然而渴望與死者進行痛苦接觸的失者，是睜大眼睛，帶著一顆脆弱的心去做事的。我們也不該將這種行為，視作意志薄弱的表現，覺得失者頭腦不清，才會想與死者對峙。他們有意地行動，目的是做出明知會痛苦的事；他們似乎相信，這些與死者接觸的痛苦過程能帶來一些好處。有些當代哲學家會把這種行為稱為，以善之名行事。[12]

失者往往渴望悲痛的痛苦，這點使人懷疑第一至三節中所談及的幾項策略。上述行為並不帶有受虐的跡象，奧古斯丁、路易斯或蒂蒂安並未從與死者的對峙中找到快樂。雖然失者渴

望這種痛苦，但他們在經歷悲痛之苦時，不會毫無芥蒂，而是將痛苦排除到他們的意識之外。在事故中喪子的母親陷溺在自身的痛苦裡，奧古斯丁和路易斯因為未能在熟悉的地點「找到」往生者而深感不安。他們承受了悲痛之苦，但這些人似乎沒把悲痛之苦當成一種代價。對失者而言，這些痛，並不像接種傳染病疫苗時的痛。如果接種可以變得無痛，大家應該會鬆一口氣，因為接種的痛，是一種能免則免的單純代價，我們「忍受」這種痛，是為了得到預防疾病的好處。但悲痛之苦對失者來說，並不是單純的代價，而是真正的椎心之痛；只是失者感知到，歷經痛苦本身就有某種可取之處。

那麼，失者怎麼可能會理性地渴望，並有意地追求悲痛之苦？儘管這些痛苦來得毫無遮掩，又折磨人？悲痛的痛苦魅力，背後究竟隱藏了什麼？幸運的是，若能充分地回答這些問題，便能更完善地解決悲痛的悖論。

五、痛苦是對自我認識的投注

我在第二、三章指出，悲痛過程經歷的各種情緒，揭示出我們與死者的各種關係，這些關係的喪失和轉變，才是我們悲痛的對象。因此悲痛時的難過、哀傷和痛苦，向我們揭示了死者對我們的重要性。

請留意，這使得悲痛之苦與自我認識之間有了**因果關係**，而我說過，自我認識是悲痛的特有好處。痛苦和悲痛過程中的

其他情緒，如憤怒、焦慮、快樂等，讓自我認識變得可能。但是請留意這裡的因果關係，比付出代價與獲得好處的單純關係，更為緊密。我們願意挨痛施打疫苗，不是因為疼痛能預防傳染病；預防疾病的成果不是來自**疼痛**，而是因為接種刺激了免疫系統。這就是為什麼我們想要無痛接種，因為它能降低接種所付出的代價。另一方面，悲痛之苦對於追求悲痛的好處，則更為不可或缺。痛苦是我們獲得自我認識的**方法**之一，不是自我認識的因果過程中，偶然產生的副產品。

我認為，失者願意承受悲痛之苦，是因為他們隱約意識到，這些痛苦是為了獲得悲痛益處所付出的**投注**。投注於某種好處，就是去承擔代價，但其隱含的意義卻不僅止於此。投注意味著致力於某種好處或事業。投注於某種好處，不僅要將實現該益處的手段，看作應該承擔的代價，也是我們願意承受的困難。這些手段因與我們尋求的益處間，存在不可或缺的因果關係，而被視作是有益的。

例如，某人耗費多年撰寫一部小說，之後贏得文學大獎。寫小說和獲獎所需的長年努力（在某種程度上算是勞力）僅是代價而已，它們牽涉到時間、體力等犧牲，作者會覺得辛苦而**成本不菲**。然而，這種辛勞不算是純粹的成本。寫小說、獲獎等的整體價值或意義，不是簡單地把寫作辛勞這項「壞處」，從完成小說並獲得大獎等「好處」中扣除就可以的。完成小說及獲獎，會反過頭來改變付出辛勞的重要性，認可或證實辛苦的價值，而使作者對整件事心懷感激。沒錯，作者會很高興自

己的投注「值回票價」，但其回報並不僅限於辛勞如何產生良好的結果，報酬中還包括了辛苦完成小說這件事，就是一件好事。對於作者整體事業的價值而言，辛苦不再只是一種負面的事項，辛苦有了正面的貢獻，是作者的一項投注。作者實現了G・E・摩爾（G. E. Moore）所稱的「有機的統一體」（organic unity）；這是一種可貴的狀態，事物的整體價值，不是分別考量各個組成部分的價值後，加總所得。[13] 在這種情況下，不好的或代價高昂的辛勞，因為與整體利益有了良好的關係，而變成是好的。

悲痛亦是如此：悲痛時的痛苦，代表失者透過悲痛投注於獲取自我認識，無論這是有意還是無意。悲痛若能帶來可貴的自我認識，「痛苦」便得到回報，不再只是單純的犧牲。我認為失者常能預期到這種可能性而渴望悲痛之苦，因為這些痛苦代表失者對悲痛益處的投注。

這個說法也許會引來反駁，認為失者唯獨有意識地追求悲痛之苦所帶來的好處，才會投注於悲痛之苦中，但極少人會有意識地以追求自我認識為目標。幾乎沒有失者會以這些術語去理解自己的悲痛，或自覺地受這項目標引導。因此，他們不會像我說的那樣，投注到悲痛之苦中。

請回想一下之前（第三章第六節）我們對活動目標和目的的區分。我指出活動的各個環節或許有其特定目標，但毋須考慮到活動的更大目的。悲痛的狀況也一樣：悲痛過程中各個環節的目標，包括我們這裡談到的與死者的痛苦對峙，並不需涉

及悲痛的更大目的，也就是我所說的獲得自我認識。

此外，我們不該假設，人們在每次有意識的付出時，都清楚自己在意圖什麼，或每次理性的行動，都掌握到支持和展開行動的理由。安尼絲‧卡拉德（Agnes Callard）觀察到，即使我們從事某些期望顯著改善自身生活的活動——我曾表示，成功的悲痛，會在某種程度上改變我們的實踐身分——，也不必事先確認自己行動的理由。據卡拉德的說法：「即使你在事前就知道，自己並不清楚行動的好處何在，但你還是可以理性地行動。」[14]在這種情況下，我們預期自己會改變，所以能理解自己進行該活動的原因，即使那些理由僅在活動結束後，才變得顯而易見。悲痛就是這種情況，我們在期待未知的美好中悲痛。悲痛多少是出於本能的，因為我們是群居動物，我們的實踐身分仰賴他人的存在，而他們的離世「撼動」了我們的情緒系統；但呈現這份震驚的悲痛，並不是我們刻意為之，有著結構完好、界限分明的目的計畫。在我看來，失者常在不知不覺、且不瞭解自己正在這麼做的狀態下，明智地尋求自我認識。他們直覺地**知道**悲痛具有價值，卻不知它價值**何在**，只是憑本能行事罷了。因此，失者以受益之名行事，卻對其好處莫名所以。當然了，隨著悲痛的發展，他們可能會「發現」、意識到悲痛的目的。從這些面向來看，悲痛很來像是泰伯特‧布爾（Talbot Brewer，譯註：美國維吉尼亞大學哲學教授）所稱的「辯證活動」（dialectical activity）的例子，辯證活動具有布爾所說的「自我揭示特質」（self-unveiling character）。[15]從

最初不太明白某個活動的目的或價值，我們的參與開始慢慢揭示並闡明其目的或價值，於是我們透過活動本身，開始更全面掌握該活動的目的，而不是（像我們常常會做的那種假設般）先掌握目的，才展開活動。就悲痛而言，其價值只有在悲痛過程中才會顯現出來，在**某些**情況下，也許得等到悲痛結束才能看得出來。但據我估計，我們很能夠感受到隱匿在悲痛中的好處，這才能解釋何以失者會願意投注，並承受悲痛之苦，儘管他們明白有多難受：無論多麼混沌不明，失者意識到痛苦會帶來某種更大的益處。

有時候我們做事，對自己的意圖只有模糊的理解，這反映出一個更大的事實，即我們的外顯認知與我們的目的之間，普遍存在著差異。就悲痛而言，這種差異在所謂的**準悲痛**（quasi-grief）現象中達到最大化。我們對他人的死，作出一種或多種具悲痛特質的回應——如愁苦等——，但卻未能將注意力聚焦在我說的悲痛對象上，也就是因死亡而改變的人際關係時，就叫準悲痛。當我們關注其他對象，或根本無法關注任何對象時，就會出現準悲痛的狀況。後一種情況很可能出現在想藉由分心或否認，來壓抑悲痛的人身上。前一種情況則可能出現在悲痛的初期，他者的離世帶來情緒上的極度迷惘，致使失者認不清悲痛的對象時。在準悲痛期，悲痛反應雖是由悲痛對象引起的，卻還未能聚焦於那個對象。聽起來可能有點奇怪，但其實不會。對特定對象而生的情緒，可能與對另一對象所生的情緒相仿。在情緒的紛亂期裡，自我瞭解可能格外容易受到誤

導，因此悲痛實際上可能包含一個階段，我們在這個階段中，對悲痛對象的認識是停滯、漸進，或不完整的。

且以稍微不同的措詞來解釋準悲痛：我們有時會沉浸在生活的流水帳裡而不自知。正如偉大的戲劇諷刺家所言，沉浸在故事裡的人，未必總能有完全掌握推動故事或賦予故事意義的事物的自知之明，即使那是他們自己的內心狀態。諷刺的是，伊凡・伊里奇（Ivan Ilyich，譯註：俄國大文豪托爾斯泰〔Leo Tolstoy〕的中篇小說《伊凡・伊里奇之死》〔*The Death of Ivan Ilyich*〕的主角）最初無法理解，素來循規蹈矩的自己，為何會獨自面對死亡。《廣告狂人》（*Mad Men*，譯註：美國影集）裡的唐・德雷珀（Don Draper）無法確定被父母遺棄，與他的浪蕩不羈有何干係。同樣地，那些處於準悲痛狀況中的人，也弄不明白自己置身於人生故事中的哪個環節。

六、悲痛過程中，痛苦的「好處」

我們通常不會意識到，自己在自我認識上作了投注，但這並不妨礙我的觀點；我認為失者的渴望悲痛，是因為把它當成了實現自我認識的手段。

不過我得解決第二個反對上述觀點的異議：就算痛苦對實現自我認識的益處極為重要，失者渴望或投身痛苦之中，依舊不太合理。誠如我之前所說，人們雖渴望這些痛苦，但痛苦畢竟是痛苦，且可能有壞處。痛苦雖是我們獲取自我認識的要

件，卻不表示我們會渴望痛苦，或認為痛苦是可取的，因為痛苦畢竟不好，最多把它們當成實現自我認識的代價即可——也許是必要且不可或缺的代價，但還是一種代價。投身於痛苦，是把對某些目的的渴求，不合理地轉嫁到獲取那種結局的必要手段上。反對意見指稱，這種做法，是對悲痛之苦的執迷，僅因它能使我們獲得好處或可取的東西，便誤將其歸為有益或值得擁有的。

我的回應是，這項反對唯有在假設承受悲痛之苦的**背景**——也就是悲痛活動——與這些痛苦的可取性無關時，才能成立。但有些痛苦經驗的背景，對於痛苦的體驗或評量可能十分重要。[16]

以劇烈運動相關的肉體疼痛為例，例如長跑可能帶來極度疲勞、呼吸急促和肌肉酸痛。對新手跑者而言，這種不適感尤其強烈，但隨著身體愈來愈精實，對跑步也愈發喜歡，這種喜歡會啟動像是整體轉移（gestalt switch）的過程，不適感雖然還在，但已經不會成為**不跑步**（或停止跑步）的理由了；相反，不舒服的感覺融入了跑者對跑步活動和其好處的理解之中。這些對跑步價值必不可少的痛苦，被視為**跑步的理由**。相較之下，跑者對於跟跑步無關的類似痛苦，幾乎一定會避而遠之。（比如說）搬移家具所造成的酸疼，跟跑步的酸痛十分類似，對跑者而言，搬動家具的疼痛糟糕透了，應盡可能減少搬移家具，但跑步就不一樣了。當然了，經驗老道的跑者，會希望長跑盡可能不那麼酸痛，但也不會希望完全不疼。消除疼痛

也會連帶消除許多與跑步相關的益處，因此至少在跑步的相關背景中，跑者是歡迎疼痛的。跑者會高喊「沒有痛苦，就沒有收獲」的口號，但並不是因為痛苦是收獲的代價，而是疼痛是這項有益的活動中，不可或缺的因素。[17]

這個例子說明了，無論是身體或情感上的痛，我們不能僅憑疼痛的本質或感覺，直接推斷疼痛的壞處或不受歡迎。引發痛苦的態度和活動，其背景愈宏大，愈能影響痛苦的概念或價值。[18]這就是為什麼有些痛苦的活動參與者，會從苦中尋獲價值。喜愛魔鬼辣椒的人，或選擇自然分娩、不肯使用止痛藥的孕婦，都是理性選擇疼痛的；他們歡迎疼痛，因為相信疼痛的背後，[19]有個更龐大、更值得付出痛苦的目的，整體而言瑕不掩瑜，反之亦然。悲痛過程中的一個重要部分（令人感到痛苦），表面上看來雖然十分糟糕，但在整體喪慟經歷中，卻變得有益或受人歡迎。失者不必清楚地表達這種好處，便能理性地去尋求或維持痛苦，期待實現這種好處了。

在良性的悲痛活動背景下，悲痛之苦可以是有益的。因此奧古斯丁、路易斯和蒂蒂安渴望尋找死者時所帶來的痛苦，並不是不理性的行為，即使他們並未依據各自的做法，給出令人滿意的解釋。當我們下結論說，悲痛之苦的減弱或完全消失，有時對我們反而更不利，並不能算沒道理。因此，主張悲痛的痛苦是既痛苦又讓人想要的，既不會混淆最終目標及達標手段的好處，也不會令人誤將悲痛最終的好處，轉移到達標的必要手段上。悲痛的痛苦，是獲取自我認識的手段，這些痛苦借用

了悲痛活動的好處；而悲痛的隱性目的，就是獲得自我認識。因此，悲痛的折磨，這種令人猝不及防的痛苦，對我們來說並非壞事，而且可能有助於提升我們的生活意義。[20]

七、結語

讓我們重溫為解決悲痛悖論所採取的幾個步驟：悲痛其實很有價值，因為它提供了自我認識的絕佳機會。此外，悲痛雖然痛苦，但我們不該只是把這些痛苦當成換取自我認識所須付出的代價。悲痛歷程中的痛苦可以是有益且受歡迎的，因為它們代表失者對悲痛活動的投注，而失者並不需意識到它們是換取自我認識的投注。因此我們有理由對悲痛抱懷感激，而不是想方設法地避開難過的情緒。

我以**哲學**的手法解決悲痛的悖論，我想闡示悲痛的感情缺點，原則上並不會與悲痛的可貴性或價值相互牴觸。但這個解決方式，並不意味任何**特定**的悲痛過程，對失者是好的或值得的。悲痛的結果對個人是好是壞，整體來說是一種偶然的事實，但這正是我們對悲痛所該有的期望——有時對我們有益，有時則不然。我想不出能讓人信服的理由，斷定悲痛對我們是必然，且總是有益（或不利）的。

此外，本章還闡明了在特定情況下，悲痛必須滿足哪些條件才能對我們有益。其一，悲痛若無法帶來自我認識，便對我們無益（或者至少無法為我們提供悲痛**特別**適合提供的東

西）。在那些情況下，悲痛很可能不利於我們。除非悲痛帶來自我認識之外的好處，否則沒有任何益處能補償悲痛所造成的痛苦；這樣的話，悲痛之苦是一種毫無益處的代價。其次，即使悲痛帶來自我認識，但與悲痛之苦相比，這項好處可能很小或微不足道。我雖然認為自我認識是悲痛的特有優點，但並不認為自我認識有珍貴到能抵銷最深切的痛苦或創傷。

對悲痛悖論的這種解釋，大概能解決與悲痛相關，最大的倫理問題——悲痛的價值。然而關於悲痛，仍存在兩個倫理問題：悲痛是否理性（以及何時才算理性），以及我們是否有悲痛的義務。這些是接下來兩章的主題。

第五章

悲痛時的理性

　　本書的核心主題是對悲痛保持樂觀的態度。經歷他者離世的痛苦是貨真價實的，我們企圖在悲痛這種複雜的情緒活動打亂我們的實踐身分後，重新為自己打造一份新的實踐身分，而悲痛恰好提供了特別的機會：激發我們的自我認識。自我認識本身相當可貴，也可能在幸福生活中也扮演一定的角色。就獲得自我認識這點來說，悲痛之苦本身是有益的，不僅值得忍受，甚至值得追求。誠然不是每個悲痛的例子對失者都有益，但悲痛通常足夠有益，我們應不驚不懼地擁抱它。

　　本章探討悲痛是否合理、如何才算得上理性，以及它如何以樂觀的方式持續進行。我會解釋理性的悲痛歷程該有的條件，而我的結論是，悲痛是**偶爾**理性的；換言之，悲痛可能理性，但未必一定如此。

　　在某種程度上，本章探討的問題是純哲學的。哲學家長久以來尊崇理性，哲學中很大一部分是判斷我們的哪些信念和態度是理性的。悲痛是否理性，應該能引起我們的興趣，但引起興趣的理由與純哲學無關。誠如我們所見，悲痛不僅擾亂情

緒，涉及難過、內疚或憤怒等痛苦的情緒。有些痛苦源自於悲痛使我們覺得，自己無法掌握這個世界和我們自己。例如，傑克·路易斯在悲痛的過程中，感到與世界疏離，幾乎認不得失親後的自己。可是即使像路易斯這樣嚴重的喪慟案例，也包含了一項理性的元素，能意識到這個事實，應該能使我們感到安心。我們雖是有缺陷的理性動物，但還是有理性無誤。因此，若說悲痛反映我們的理性，而非危及理性，那麼無論悲痛本身如何令人迷惘或痛苦，它都不是一種侵入我們心牆的外來者。悲痛反而坐實了我們自身的一個面向——我們的理性——，我們珍惜並能借助理性，來理解悲痛的歷程。假若悲痛可以是理性的，我們就該相信，即使無法避免悲痛或控制悲痛的過程，我們仍可以管理悲痛，增益自己。

　　證明悲痛可能不理性的一種方式是，若悲痛涉及混亂的認知或精神狀態，如妄想，便是不理性的。我們將於第七章再次討論此類問題，探討無論在一般情況、還是在特定情況下，悲痛是否該被歸類為精神障礙。本章則著眼於悲痛的合理性的其他問題上。首先，我們要考慮兩個反對悲痛是偶然理性的論點。一是，悲痛是**反理性的**，是一種無法進行理性評估的狀態或情況。根據這個觀點，質問一個人的悲痛是否合理，就跟質問打噴嚏或打嗝是否理性一樣——這是個無法用「是」或「否」來回答的荒謬問題。第二種反對觀點是，悲痛**必然是非理性的**，每個悲痛歷程都缺乏理性。在這種情況下，悲痛是一種情緒版的精神疾病。在找到理由反對上述觀點後，我必須說[1]——

悲痛歷程中的各種態度和情緒，若能準確地代表悲痛的對象，也就是與死者關係的改變，那麼悲痛的過程便是理性的。因此，理性的悲痛歷程，能準確地判定上述關係，以及這份關係對逝者的重要性，無論是質的方面（失者的態度或情緒），或數量上的（這些態度或情緒的強度或持續時間）。

不過，悲痛對我們的理性依然造成了其他阻礙。本章最後的結論是，身處悲痛之中，即使悲痛本身是理性的，也可能令喪慟者難以為垂危者或死者作出理性的決定。

一、沒有理性的悲痛

安娜與碧翠絲對兄弟康納的死，都感到難過不已。安娜和碧翠絲與康納有著非常類似的關係，如我所說，康納的死，促使她們各自調整與康納的關係。康納在她們各自的實踐身分中，佔有相似的地位；他對安娜和碧翠絲的重要性，基本上差不多。姊妹倆都有健全的心智，對於康納，也沒有不理性的想法（例如，兩人都相信康納已經去世了等等），但姊妹倆的悲痛方式卻有所不同：安娜悲痛逾恆，而碧翠絲的悲痛則頗像莫梭——安靜、內斂，幾乎難以察覺。

鑑於兩姊妹與康納的關係十分相似，我們以為她們會有相似的悲痛情況。特別是，我們預期碧翠絲會跟安娜一樣展現更多的悲痛。可是以理性去評判安娜與碧翠絲的差異，是否公平——安娜對康納的死，做出了理性的反應，而碧翠絲卻不

然？

　　史帝芬・威肯森（Stephen Wilkinson）認為，兩姊妹的差別，不在於理性的差異。[2]無論我們對碧翠絲內斂的反應有何想法，都不能指責她的表現「缺乏理性」。例如，我們也許覺得，碧翠絲的冷淡很不應該，因為那表示她品性不良、對碧翠絲來說並不健康，或讓對康納的死悲痛不已的安娜（或其他人）感到不悅。可是按威肯森的說法，我們無法把碧翠絲的冷漠，歸咎於「不夠理性」。在他看來，這不表示碧翠絲的悲痛或欠缺悲痛，是**非理性**的，而是表示它「本質上是非理性」（intrinsically non-rational）或反理性的，根本不適合用理性來評估。這個說法若是正確的，我們也應該認為，安娜極致的悲痛並不理性，也是反理性的。按威肯森的觀點，安娜對康納的死，反應並不會比碧翠絲**更為**合理，因為悲痛的反應根本無法以理性評估。

　　鑑於先前章節的結論，我並不同意威肯森對兩姊妹差別反應的直覺觀點：我覺得碧翠絲的反應是非理性的。要駁斥悲痛的反理性，不需僅憑靠其他人並不認同的直覺。我認為有更深層的理由，可以懷疑悲痛的反理性。

　　首先，威肯森模糊了一個重要的區別，那就是一個**理性的**悲痛歷程，是否適合由別人來**斷言**其合理性，或把碧翠絲這樣的失親者**視為**非理性。威肯森表示，我們不願用非理性來**批評**碧翠絲──「不表現悲痛，不該被評為欠缺理性。」我傾向同意威肯森的看法，批評碧翠絲的悲痛不合情理，可能是錯誤或

適得其反的。畢竟我們不必依照別人的想當然爾去行事，在這種情況下，批評碧翠絲的悲痛方式似乎很失禮、失之武斷或冒犯。但是不該妄加批評，並無法證明碧翠絲的悲痛方式是理性的。因此，我們雖不該隨意批判，但碧翠絲無聲的悲痛也有可能是不合理的。

其次，威肯森並沒有對悲痛提出明確的解釋。假設我所提供的描述是正確的：悲痛是受情緒驅動的關注過程，悲痛的對象是我們投注了實踐身分的逝者死亡之後所改變的彼此關係。這樣的解釋有助於準確地說明碧翠絲的反應，為何可以被視為非理性的（反之，安娜的反應則為理性的）。假設碧翠絲基本上很信任康納，並對康納挹注了自己的實踐身分，但她還是可能未表現出悲痛，因為她的注意力有意無意地被導往別的地方了。碧翠絲有可能經歷我之前所說的準悲痛。[3]康納的死，引發碧翠絲克制的悲痛，但她的反應，並不是因為關注與康納關係的改變而形成的。碧翠絲（還）沒有認清，她跟康納的關係現在必須作調整了。碧翠絲為何僅表現出準悲痛的情緒，有許多可能的解釋。例如，碧翠絲可能有心理學家所說的「逃避型」依戀，這種性格的人對親密關係感到矛盾，喜歡獨立，對承諾感到焦慮。有這種依戀風格的人，悲痛時往往有逃避傾向，躲避使他們想起死者的事物，以應付他們的損失。由於逃避，逃避式的悲痛往往比其他模式的悲痛，來得更延遲或拖更久。[4]然而逃避──注意力的轉移──也是一種悲痛的反應，根據我對悲痛本質的理解，可將其視為理性的失敗。失敗之

處，倒不是碧翠絲對康納本人，或有關他死亡的事實認知有誤。這裡的不合理，是未能將她的心力導向這些事實，並充分地投入感情。把這種漫不經心或注意力轉移的行為，視為一種非理性，聽起來可能很怪。但如果理性涉及對某些事實展現正確的態度，那麼非理性的一種方式，就是未能把注意力轉移到這些事實上。[5]碧翠絲的非理性，是未能將關注康納的死，以及對她的實踐身分的影響，納入自己的情緒雷達螢幕裡，好讓自己能開始適應。

威肯森的悲痛是反理性的論點，是另一個把情緒哲學理論化的例子，這種說法過於粗糙，無法捕捉到悲痛的細微處。悲痛是一種主動的、由情緒驅動的關注形式，因此悲痛的理性（或不理性），將取決於失者對死者離世的意義的認識程度來判別。

二、必然的非理性：渴望死者還活著

前面章節讓我們有理由相信，悲痛的各種反應不是反理性的，也就是說，它們可以被評為理性或非理性的，但所得的結論，與悲痛必然是**非理性**，都是相容的。

唐納・哥斯塔夫森（Donald Gustafson）[6]為這個觀點辯護道，悲痛必然會表現出他所謂的「策略性」非理性（strategic irrationality）。他解釋說，當一個人的態度有內在衝突，而做出與那些態度牴觸的選擇或行為時，就是策略性的非理性。哥

斯塔夫森認為，就悲痛而言，必然涉及失者個人的信念與其中一種願望的衝突：

> S為N的死感到悲痛，S知道且相信N已經死了。失
> 去N的S感到失落、痛苦、憤怒等，重要的是，S希
> 望N沒有死……請注意，S的信念和希望是不相容
> 的。也就是說，如果真實的信念無法滿足願望，或想
> 要滿足願望就得有虛假的信念，那麼在既定時段中，
> 個人的信念與希望便會以這種方式不相容。[7]

哥斯塔夫森大概會說，傑克・路易斯的悲痛表現出非理性。他一方面相信妻子喬伊已去世，卻又同時希望喬伊還活著。我們所說的不相符，即指傑克的願望，只有在他的信念錯誤時，才能實現——唯有他相信喬伊沒死，喬伊才能活著。據哥斯塔夫森的說法，這種矛盾能解釋悲痛的痛苦。因為失者渴求死者還活著的願望未能獲得滿足，因此感到絕望無助。他認為，我們之所以悲痛，是因為他人的死使我們無法有效地追求自己的目標。我們悲痛，「只是因為我們已無能為力！」[8]

　　哥斯塔夫森的論點成功地找出一種方式，確認在某些情況下，悲痛是非理性的。如果一個人既相信死者已逝，同時又希望對方還活著，確實並不理性。但我們應該嚴重懷疑，哥斯塔夫森的論點能闡明，悲痛必然是非理性的。[9]

　　其一，一個人的態度採策略式的理性——用哥斯塔夫森的

話來說，這些策略不會妨礙個人成功地實現他們的願望——或許是必要的。但策略式的理性，顯然不足以令一個人的態度變為理性。若是考慮到，失者如何「治癒」自己的策略式非理性時，這就變得很明顯了。一般認為，失者會有兩種拉鋸的態度：

- 希望去世的N仍活著
- 相信N已經死了

哥斯塔夫森聲稱，失者若能調整這些態度，使上述緊張狀況消失，就能解決策略式的非理性，悲痛之苦便會消失。這麼做的一種方法是，放棄第一個念頭，以某種方式抹除希望N還活著的願望。但同樣有效的方法是放棄第二項念頭，即相信N已不在人世。假設我們能給失者一種藥，使他們產生妄想，以為死者其實還活著，哥斯塔夫森的觀點意指，這種妄想對於失者來說，是一種理性的進步，因為他們的態度在策略上不再是非理性的了。至少從妄想的角度來看，他們希望N還活著的渴望，已經獲得滿足了！然而我們很難斷定，這種策略性理性的提升，等於理性的**進步**。因為抱持錯誤的信念，通常不會使我們變得更加理性。因此，策略性的理性，最多只能算是使悲痛變理性的一部分原因而已，尚不足以讓悲痛合理到使其中各種態度，都能相互契合，它們還是必須符合各自相關的事實才行。

　　其二，雖然有些失者具備了哥斯塔夫森所說的特定信念和

渴望，但還是有很多例外。傑克・路易斯便是一個代表：正如我們在第二章第九節中所指，來世論者也會悲痛，但在某一方面，他們並沒有哥斯塔夫森所說的那種信念。身為虔誠的基督徒，傑克・路易斯應該相信喬伊雖然去世，但**並沒有**真正死去。喬伊雖然離世，精神仍繼續存在於來世。當然了，如果你問「喬伊是不是依然存在？」傑克的回應應該會是「是的」。當然了，傑克的來世信念有可能是錯的，但按照他的信仰體系，傑克**根本就不該感到悲痛**，據哥斯塔夫森的說法：如果傑克希望喬伊還活著，那麼他的願望其實已經被滿足了。

因此我們會懷疑，是不是所有失者，都相信哥斯塔夫森加諸於他們身上的信念。所有失者都會渴望去世的人還活著嗎？這裡的難點是，上述的渴望，可能會有不同的形式。希望死者仍活著，有可能是為了死者自身的利益。但就像我們在第三章第八節中所見，悲痛是一連串的反應，哪怕喪慟者認為死亡對死者有利——許多醫學上加速死亡的例子便是如此；另一種希望死者活著的情況是，為了失者自身的利益。但我們在第一章第七節看到，失者憎恨死者，或認為死者令他們失望，甚至有害時，也會感到悲痛。這種例子中的失者，不太可能出於自身的利益而希望死者活著。

最後，哥斯塔夫森對喪慟經驗，以及造成心理痛苦的原因所作的論斷，是很有問題的。他認為悲痛是一種無助的狀態，因為失者無法實現希望死者還活著的願望。然而，悲痛的痛苦是因為這種無助感造成的，這點似乎不太說得通。在他看來，

我們之所以悲傷哀慟，是因為我們發現自己受困於現實，無法
實現理想的狀態。悲痛中當然可能包括了挫折感，但在追求願
望受阻時的挫折，反倒更像是憤怒，而非哀傷。哥斯塔夫森的
敘述忽略了悲痛的痛苦和**失落**之間的任何關連。我們或許渴望
死者依然活著，但我們的痛苦更可能是因為他們不在人世，以
及此事對我們的影響所致。如我所言，相關的影響，是它對我
們實踐身分的影響。就算證實我的說法是錯的，哥斯塔夫森對
造成悲痛之苦的原因，描述也並不正確。[10]

因此我們有理由認為，悲痛**可以**是理性的，因為它似乎不
是反理性，也未必是非理性的。那麼理性的悲痛，究竟有哪些
特質？

三、悲痛的回顧性

悲痛的理性，本質上並非如哥斯塔夫森所說是策略性的，
而是**回顧性**的。我的意思是，悲痛的理性，主要是看它對引發
喪慟經歷的對象，能精確反應到什麼程度來衡量的。換句話
說，如果悲痛過程中的各種情緒和態度，能適當反映出失者失
去的這份關係的重要性，那麼悲痛的過程便合乎理性。

欲理解此一觀點，讓我們把悲痛與一些較不複雜的情緒狀
態作個比較。

再一次拿聞到煙味時的恐懼為例，是什麼使恐懼變得理
性？恐懼使我們意識到我們自身，或我們關心的事物遭到了威

脅。煙氣通常表示有火──對自己、對我們的財產等等，是個威脅。我們知道煙與火有關，聞到煙味的合理恐懼反應，當然是取決於我們擁有各種相關的訊息（火是一種威脅，「哪裡有煙，就會有火」）和能力（辨別煙味的能力）。當這些想法和能力具足時，我們對引發恐懼的事實作出的回應，便是理性的反應了。從這個層面來看，這種恐懼**本質上**是理性的，因為我們聞到煙氣時所經歷的恐懼，與造成恐懼的威脅，是相互關聯的。恐懼的合理性也具有**量**的一面，我們的恐懼會合理地呼應威脅的嚴重程度或緊迫性。例如，淡淡的煙味應該引起注意，並去作進一步調查；濃烈嗆人的煙，則令人戒心大起，觸發我們「逃跑或反抗」的回應。恐懼與悲痛一樣，讓我們注意到激發這些反應的事件，這麼做能促使我們收集更多的相關事件，來查證（或證實無效）我們最初的反應是否合理。當我們發現煙霧是鄰居在戶外烤肉造成的，恐懼就會理性地消失，可是若發現家裡廚房的烤麵包機冒出滾滾濃煙，恐懼便會合理地升級。[11]

　　類似的分析也適用於其他較「正面」的情緒。以快樂為例，我們對大幅提升我們幸福感的事物作出回應時，會感到高興。理性的喜悅與恐懼一樣，需要有一定的心理背景。與朋友相聚時的快樂，取決於我們把對方當朋友，期望朋友也會開心，我們彼此**認可**對方的友誼等等。如果這些想法有任何一個不成立，這份喜悅在本質上就是**非理性的**，因為我們缺乏快樂的理由。喜悅與悲痛的相似點在於，它們對因應的對象，都很

敏感。就像總統去世時，我們感受到的悲痛，跟失去手足的傷痛無法類比，快樂也一樣，依據不同原因，會呈現不同的色彩。完成一項有利可圖的商業交易所感受到的喜悅，與子女在頒獎典禮上，獲得實至名歸的認可時的喜悅，**本質上**是不同的。這就是為什麼我們要用不同的儀式，來慶祝這些歡樂的事情。商業交易達成後以雪茄和酒飲慶祝，頒獎典禮後用冰淇淋和擁抱犒賞。因此快樂跟恐懼一樣，快樂的理性也有本質上的理性元素，根植於快樂如何反應出（或未能反應出）因應對象的重要性。而快樂也有量的元素：一個人對某件事，可能毫無感覺、樂翻天，或有點樂又不會太樂。

這些對理性的恐懼和喜悅的分析，能激發我們的希望或行動，而它們可能是哥斯塔夫森所說的，策略式理性或非理性的。但一般而言，它們強調的是，情緒的理性，是情緒如何適度地回應事實，而不是我們以情緒反應形成了什麼態度（信念、希望等等）。這裡的理性是回顧性的，也就是說，評估情緒是否得當，得看它能否反映出引發情緒的對象對我們的重要性。

我認為悲痛的狀況也一樣。悲痛在某個程度上是合理的，因為它符合引發悲痛事實的重要性。由於悲痛的對象涉及與死者的關係，同一個人對不同死者，應該有不同的悲痛方式，而兩個不同的人對同一位死者，也應有不同的反應。因此，沒有所謂放諸四海皆準的理性悲痛過程。然而，悲痛的理性，跟恐懼或快樂等情緒，有著約略相同的輪廓：它在質和量上，會呼

應它的對象。

　　就悲痛而言，情緒理性的樣態，會因悲痛本身的複雜性而變得繁雜。我們已注意到，悲痛比恐懼或快樂等情緒更加繁複與層層交疊，不僅包括難過，還涵蓋了焦慮、罪惡感、憤怒等情緒。悲痛往往涉及一定程度的迷惘，同時比大多數其他情緒狀態，更易引發質疑或困惑。因此，特定的悲痛歷程，要符合理性的必要條件，會比恐懼或快樂符合理性的條件更加複雜。讓我們詳述一個理性的悲痛歷程是如何展開的。

　　首先，我們把悲痛視為一種情緒關注的形式，個人在這個持續的過程中，將精神能量導向與死者所失去的關係上。悲痛歷程要變得不理性的一個方式——也是影響最深遠的方式——就是從一開始就繞過它，壓根不去關注與死者連繫斷裂這檔事。庫伯勒——羅斯的模型認為「否認」是悲痛的第一個階段。一般而言，這種說法並不正確，但肯定有可能發生：失者投注實踐身分的對象去世了，但失者卻有意或無意地逃避、壓抑即將發生的悲痛，把注意力轉往別處。[12]一個人在面對心愛的人死亡時，可能會藉著投身工作或酒精藥物，來麻痺悲痛的負面情緒。在這些案例中，我們討論的不理性，並非基於悲痛的特徵，而是基於失者阻斷了該有的悲痛。

　　假設一個人關注到失去所帶來的關係變化，這份關注仍必須「察覺」到，能充分表達那份關係所需的情緒。失者的悲痛在某個時間點，應該引導他開始重建自己的實踐身分，並反映出改變的環境。但我們無法憑靠失準的喪慟關係，來建立前

瞻性的實踐身分。因為悲痛是重要的證明來源——證實與死者關係改變的重要性。因此悲痛的歷程中，若排除掉能顯示這份關係重要性的情緒，也會排除掉建立實踐身分這個大目標的相關證據，這份證據能反映出與死者關係的重大改變。我在第二章指出，喪慟經驗往往會反映出或概括失者與死者的關係。因此，關係中若有未化解的衝突，悲痛過程中應該會涉及憤怒或怨恨等情緒；如果失者因犯錯而未獲原諒，悲痛過程中應該會出現內疚等問題。理性的悲痛歷程，必須涵蓋所有能揭示與死者關係重要性的情緒。若是**排除掉**這些情緒，悲痛過程不僅更容易受到壓抑或「延遲」，而且質上很難與其對象相吻合。

有一種較少見的、非理性的悲痛過程會包含一些情緒，但這些情緒並不能呈現出他者離世的損失。罪惡感，尤其是被稱為倖存者的罪惡感，許多失者在悲痛過程中顯然體驗過，但理性上他們不該會有這種情緒。例如，一些失者認為，如果他們能對死者更加關照，便有可能救死者一命，或讓死者死得更安詳（也許不那麼痛苦）。當然了，在某些情況下確實如此，但倖存者的罪惡感未必是合理的。例如，士兵可能會承受不必要的折磨，來為他們的戰友悲痛，因為他們誤將戰友的死，歸咎於自己的懦弱、無能或不負責任，而非究責於戰爭中殘酷的運氣。[13]他們的罪惡感並不難理解，甚至值得稱讚，因為凸顯出他們與死去戰友之間的團結一心。儘管如此，他們在悲痛過程中的內疚感還是不理性的，因為把同袍的死攬到自己身上，歪曲了他們與死去戰友間的核心關係。

　　悲痛過程中出現的各種情緒，最初在性質上可能看似合理，但經過進一步檢視後，並非如此。悲痛過程中，失者可能會探究或檢視自己的情緒反應，考慮到悲痛的對象，這等於是在探究或檢驗他們與死者的關係。這種探究或檢視，可能導致失者對自己的情緒產生懷疑，甚至拒絕接受。例如，失者可能會重新思索自己對死者的憤怒是否恰當。在回憶兩人間惹他生氣的互動後，失者或許會想起其他抵制他憤怒的事。他可能想起離家上大學後，父親或母親便不太理他了，但又想起父母當時，正面臨生病或經濟上的壓力。因此當他意識到，父母的忽略事出有因後，便不再那麼憤怒了。另一種可能是，他錯估了自己在悲痛過程中所感受到的憤怒；也許令他生氣的不是父母的行為，而是覺得天地不仁，讓父母死去。這種例子說明了，悲痛是一種會揭露各種情緒，並挖掘訊息的動態過程，因此悲痛的理性，可能會隨著時間而改善。

　　因此，理性的悲痛過程，只有在涵蓋所有能反映失者與死者關係整體性的情緒時，在質上才算合理。悲痛的各種情緒，跟其他情感狀況一樣，在數量上都必須與其對象相符。若失者在悲痛過程中經歷憤怒是合理的，那麼他的憤怒應該反映出引發憤怒的不公程度。輕微的怠慢應該僅激發些微的憤怒，令人髮指的不公不義理應引起強烈的憤怒，甚至暴怒。焦慮、哀傷和其他具有悲痛特徵的情緒也是如此：它們的合理性不僅取決於是否該感受到這些情緒，還取決於感受到的強度。

　　因此，悲痛的基本合理性，來自於悲痛回應的對象，而非

來自該回應所造成的態度，且個人的悲痛行為，在質和量上都與悲痛的對象相符時，便是理性的。因此理性的悲痛過程，會準確地評量出失者與死者的關係，以及那份關係對往生者的意義。

四、為臨終者做決定：臨終選擇

截至目前為止，我在本章中一直試圖證明，悲痛至少有的時候，是對悲痛對象的理性反應，但若要斷言理性的悲痛頻率有多高，那就太荒唐了。但我希望悲痛是偶然理性的這項結論，是正確且令人放心的。悲痛的感覺像是崩潰或迷失方向，但那仍可能是一個人對失去的理性反應，這點應該能讓我們稍感安慰，因為這強調了悲痛是我們理性自我的反映，而不是對它們的威脅。

然而在某些方面，悲痛可能使我們作出不合理的選擇。本節與下一節會鑑別兩種情況，在這些情況下，悲痛可能使我們作出非理性的選擇，但在某種意義上，又與我們迄今所討論的選擇有異。失者往往必須作出與臨終者或死者相關的選擇，但他們自己正在經歷某種身分認同危機，這種危機模糊了他們自己與悲痛對象之間的界線。結果就理性而言，他們應該作出反映死者利益或觀點的選擇，但實際上，卻作出反映自身利益或觀點的選擇。即使我們的悲痛反應十分理性，與上一節中描述的方式一樣，但我們還是可能作出這樣的選擇。由於悲痛抑制

了我們客觀採納死者觀點的能力，因此或許會減損我們為死者作選擇的心理能力。

悲痛以這種方式影響我們決定能力的第一種情境是，當我們必須為垂死者作出醫療選擇時。現代人常死於癌症這類久病去世的慢性疾病，加上失智症患者的增加，愈來愈多的垂危者會在不同的時間點，無法自行作出醫療決策。某些情況下，他們只是昏迷過去，有些人則是無法理解與自身病情相關的訊息，或無法表達自己的感受和判斷。當臨終患者失能時，幫他們作醫療照護決定的權力，幾乎總是落在患者選擇的，或法律指定的**代理人**身上。絕大多數情況下，代理人可能是與臨終患者有強烈情感連繫的人：如配偶、父母、子女、手足。

我們在本書中一直把他人過世後，我們所經歷的悲痛，視為悲痛的典範。然而，個人在預期他們挹注實踐身分的人即將離去時，也會感到悲痛難抑。這種**預期性的**悲痛，看起來可能很怪，但那僅是反映出人類預測未來，並據此形成情緒反應的能力罷了。一個期待聖誕節早晨的孩子覺得開心或興奮不已，因為孩子期待有好吃好玩的，有禮物和歡樂的時光；學生在大考前會焦慮不安。我們在事發前便經歷種種情緒，這點凸顯出，我們的情緒取決於當下的態度，即使那些態度與未來的事件或事物相關。[14]

醫療決策的代理人，因為與死者的關係性質，通常會非常**依戀**死者。如同我們在第一章第三節中所觀察，依戀是與人建立深厚關係的形式，包括渴望與對方親近、分離時感到難受、

與對方共處時感到安全，並認為他們是獨一無二、無可取代的。因此，決策代理人常發現自己處於複雜的情感狀態裡：他們要負責為一個可能將死的人作選擇，一個他們可能非常依戀，死後會令他們痛苦萬分、感到不安全和焦慮的人。與此同時，他們很可能已經在經歷預期性的悲痛了。

如果代理人在作決策時，不會受到這種心情迭宕的情緒環境影響，才是教人訝異。畢竟代理人的決定，很難完全符合應當達到的標準，即使在我們的情緒波動沒那麼大時，也是如此。世上大部分地區都認為代理人不應根據自己（即代理人）的價值觀、偏好或目標，去作出與患者相關的醫療決定。代理人應該依據他們對患者的瞭解，作出患者在有能力時會作何決定的**替代性判斷**。一般情況下，該標準的理由是患者有權作出自己的護理決定，可是當他們無能為力時，尊重病人自主權的最佳方式，就是讓一位應該瞭解狀況且盡責的代理人，代患者作出決定。

由於代理人與患者的親密關係和依戀，我們可能期待代理人能很好地滿足替代判斷的標準。畢竟，有誰能比臨終者的配偶、孩子、父母更瞭解他們，與他們長期相處，且更能代臨終者作出決定？

令人訝異的是，代理人經常無法達成替代式的判斷標準，有時甚至相當離譜。有個大型統合研究發現，無論代理人與患者（父母、配偶等）的關係如何，代理人並不會比主治醫師更瞭解患者的醫療偏好。事實上，他們滿足替代性判斷標準的比

率，僅略高於偶然性而已。[15]其他研究發現，雖然代理人有時會利用之前與患者對話中收集來的訊息，作為代理醫療決定的依據，但沒想到有不少人坦承，這些決定與患者的偏好或價值觀，關係不大。代理人為患者所作的選擇，反而來自於跟患者的共同生活經歷、代理人對患者的偏好或價值觀的「內在感覺」、自己的宗教信仰，或自己會在同樣狀況下所作出的選擇。[16]儘管代理人知道親人的價值觀和偏好，但並不特別會去選擇親人想選的醫護形式。

為什麼瞭解患者、與患者親近，理應能為患者作出可靠選擇的代理人，卻拙於作出好的選擇？巨大的情緒壓力，無疑是其中一項因素。[17]這類情緒壓力的重要來源，可能是代理人在預期性的悲痛中所面臨的衝突，到底該選擇患者會作的決定，還是代理者自己在依戀關係中的利益？處於預期性悲痛中的代理人，至少意識到了他們依戀的人正瀕臨死亡，因此他們的依戀即將結束（或至少會改變）。但失去依戀的關係——這種關係提供了看似不可取代的安全感、陪伴等——實在太嚇人了，許多代理人可能選擇能夠加強或延遲依戀關係的治療過程，即使他們真心相信，自己的選擇就是患者會作的決定。可以預料的是，替代的決定，往往偏離了患者的偏好與價值觀。例如，在患者臨終前幾天，代理人的醫療選擇會更常犯錯，他們往往會選擇比患者想要的，更激進的方案。如果代理人想讓病人活下去，並以熟悉的方式維持他們的依戀關係，那麼這樣的選擇是有理可循的。如我們所見，代理人往往選擇自己喜歡的療

程，或假設自己的偏好與患者一致。假如代理人的選擇，反映出他們渴望維持與臨終者的依戀關係，那麼這種選擇模式是能理解的。畢竟，把自己的偏好定調為患者的喜好，能使代理人感覺與患者同一戰線，消除或減緩彼此之間不斷擴大的心理差距。

我說過，悲痛涉及失者與死者之間的關係危機，這場危機以死者去世後，試圖建立新的實踐身分為核心。一個因預期親人死亡而悲痛不已的代理人，正處於危機的初期。許多代理人在心理上，尚未準備好離開對臨終者的依戀，因此他們會為患者選擇能使這種依戀關係存續下去的療法，即使只是象徵性的，也完全可以理解。我們完全能夠理解，他們這麼做，是為了對付與死者突來而急驟變化的關係。

然而，當被要求客觀地照顧另一人時，正在經歷預期性悲痛的代理人，可能會選擇偏離替代判斷標準的方式，因為代理者極欲維持與患者的依戀關係，因此心理上，進入了堪稱「非理性」的狀態：代理人的注意力，從原本該使用代理能力的事項上──病人本身會希望怎麼做──轉移到與自身依戀利益相關的事項上了，致使後者最終主宰了他的選擇。於是代理人與患者的關係成了一把雙刃劍：他與患者的親密關係和熟悉度，使他有資格成為代理人，但這卻也妨礙他為患者作出理性的選擇。[18]

不過重要的是，這種形式的非理性，可與其他理性的悲痛方式共存，甚至是依賴它們。將失親友的代理人確實可能選擇

臨終患者不想要的療法，因為代理人正在經歷悲痛之苦，用第五章第三節中的術語來說，就是回顧性的理性。在感受到能精準反映出兩人關係的恐懼或痛苦時——無論是種類還是程度上的——，代理人可能會試圖延長垂危者的生命，以減緩或消除自己心中的恐懼；他未能執行代理人該有的職責，是因為他的悲痛**的確**是對逝者關係的合理回應。這種可能性說明了人類理性的多面性與脆弱。

五、為死者做決定：葬禮和遺體的處理

他者離世引發悲痛**之後**，挑戰我們理性決策能力的問題也會逐一出現。通常，臨終者會在遺願和遺囑中交待葬禮的安排和屍體的處置方式，讓遺眷和所愛的人，毋須為這類重大決定費心。然而，許多人並未表達遺願，或他們的願望並不明確，或存在差距，在這種情況下，喪慟者便被迫出面幫死者作決定了。

跟臨終照護的醫療選擇一樣，葬禮事宜的選擇也十分複雜，壓力極大。這些選擇包括喪禮的性質；選用的禮儀社；屍體是要土葬、火化，還是捐贈科學之用；棺材、花卉、音樂、餐飲、悼詞、通知或宣告，以及喪禮其他裝備或服飾；還有屍體的處置須配合哪些法律規定。在作這些選擇時，還得牢記成本花費。（在美國，葬禮的費用平均約一萬美元。）與醫療代理一樣，失者常常必須在悲痛的情緒漩渦中，作出有關喪葬和

遺體處置的選擇。

　　悲痛過程中出現的身分認同危機，會從幾個方面使這些決定變得更加複雜。一方面，替代的判斷標準似乎居於主導的地位，因為失者被督促著「做出死者希望的事」。但這與醫學代理一樣，失者會在悲痛的過程中，重新思索並重建與死者的關係，並過濾這些敦促。自從潔西卡·米佛德（Jessica Mitford）在一九六〇年代揭露殯葬業的醜聞後，殯葬業的道德無疑有了顯著的提升，[19]但該行業一些常見的手法，會利用失者的感情，讓他們把一些選擇視為與死者重新談判或重建關係的機會。葬禮承辦人兼作家卡利伯·懷爾德（Caleb Wilde）觀察到，「內疚」是他的行業中，常見的銷售手法。他舉例說明，「我相信他是史上最棒的父親」和「您可能無法在生前，為您家公子提供最好的，但您可以在他死後，給他最高的尊榮」。[20]對於自認生前辜負死者的失者來說，這類說法可能使他們作出昂貴或炫耀式的安排，來證明他們對死者的愛或價值。懷爾德指出，喪禮承辦人也許還會煽動不切實際的期望，利用失者期盼死者不再受到進一步傷害或痛苦的心願：「如果買下這個墓穴，你的丈夫將**永遠**受到保護。」失者也可能感受到壓力，而把葬禮和埋葬視作炫耀性的消費行為，怕人家覺得寒酸而浪擲千金，或用來彰顯死者在廣大社群中的地位。[21]

　　上述每個案例中，失者都把特定選擇，當成是他們與死者關係中的行為，（據我們觀察）這份關係在他們作出選擇的那一刻，便受到修正與重新考慮了。失者除了可能在葬禮和遺體

處置上超支之外，這些選擇在某種程度上也不理性，因為它們不太可能實現失者想達成的關係目標。昂貴的骨灰罈並不能使失者獲得寬恕；所費不貲的鮮花佈置，並無法對死者傳遞愛；所有棺槨都敵不過歲月的摧殘。把這些選擇當成與死者關係中的信號，或許能讓失者獲得暫時的安慰，但很大程度上只是徒勞的做法罷了。這樣的選擇是不理性的，因為它們很少能達成失者所希望的日的。

它們的不理性，也是因為它們是以自欺、下意識或不透明的方式所作的選擇。「因為那是媽媽想要的」，所以選擇盛大的葬禮，但實際上可能是因為失者搬到遠處，而覺得罪惡，或者想向別人展示，這位被邊緣化或忽略的女人的重要性。這種做法，會令失者誤解自己的動機。無論表面上的動機多麼令人讚賞，卻與他內心深處的動機不符。這也是一種非理性，因為理性決策的標準是，我們的深思熟慮，能反映出最終驅策我們作出決策的原因。相較之下，失者有時為死者所作的決定，並無法反映實際的動機。

就像醫療代理人為臨終者作決定一樣，為死者作決定的失者，很容易作出分不清是自身利益或（垂）死者利益的選擇。這種模糊是可以理解，甚至是可以原諒的。這兩種情況下，失者可能理性地悲痛，因為他們的態度和行為，能反映出與死者關係的重要性，以及他們把這份新關係，整合到實踐身分中所做的努力。失者之所以會面臨困難，是因為他們還必須運用**另一種**理性——為臨終者或死者作決定——，這種理性可能受到

悲痛的破壞，即使是回顧式的理性。

六、結語

　　我說過，悲痛落在理性評估的範圍內，我與威肯森和哥斯塔夫森的論點相反，認為悲痛可以理性或非理性地完成。但非理性的悲痛，並不是因為涉及到一連串矛盾的態度或希望；最根本的問題是，它無法在質或量上，與悲痛的對象相搭，也就是說，它可能無法精確、全面地反映出死者在世時，與失者之間的關係。然而，即使我們的悲痛方式是理性的，也會面對必須為死者作選擇所衍生出來的其他威脅。

第六章

悲痛的義務

　　已故的勞伯・所羅門所寫的〈論悲痛與感恩〉（On Grief and Gratitude），大概是當代以悲痛為題的最知名哲學論文了。所羅門提出一個尖銳的觀點，認為我們有悲痛的義務──那些不悲痛，或悲痛不足的人，會受到「最嚴厲的道德譴責」。[1]由於「深深融入了我們道德生活的結構中」，悲痛作為一種「道德情感」，不僅僅是「對失去他者的**適當**反應，也是一種**義不容辭的**義務」。[2]所羅門進一步發現，我們悲痛的「義務程度」，取決於我們與死者的關係性質，因此我們在道德上有義務為舊識，而非新交悲痛。[3]所羅門表示：「適度的悲痛，能正確展現出一個人的品性，以及對他人的關懷。」[4]

　　正如卡繆《異鄉人》裡的主角，莫梭所呈現的例子，所羅門的論點就社會事實而言，可能是正確的。那些不悲痛的人，通常被視為有道德瑕疵，甚至禽獸不如。但所羅門的文章雖對悲痛的倫理特徵提供了洞見，卻未針對悲痛的**義務**，進一步提出明確的論點；而且悲痛會受到社會認可、是美德，甚至對失者有益，這些都不能說明我們有悲痛的義務。而不悲痛或悲痛

不足，也不一定會引起伴隨著欺騙、背信、傷害，或其他常犯的道德錯誤會有的恥辱或罪惡感。[5]因此我們應該警覺到，我們**覺得**悲痛是一種道德義務，可能是錯的。所羅門觀察到：「社會規範對悲痛的義務，乃至於該如何感受，有很大的影響。」[6]因此即便我們沒有悲痛的責任，但也已經習慣這麼想了。既然缺乏令人信服的論證來證明我們有悲痛的道德義務，則這份道德信念就有可能是錯的。

本章旨在提供義務論的基礎。在我看，悲痛義務論的合理論證，必須解決兩個哲學問題。

首先是確定悲痛的**道德對象**（moral object），也就是說，我們對誰有悲痛的義務。我們將在第一和第二節中看到，其他生者或死者，都不太可能是這項義務的對象。我們雖然有責任**悼念**死者，卻沒有為他們從事悲痛活動的義務。令人訝異的是，悲痛義務的道德對象，竟有可能是失者本人。

第二個問題是，確認悲痛義務的道德**基礎**（ground）。我會依據第三章的結論，談到這個義務的基礎就是追求自我認識或自我瞭解，也就是說，承認並理性地認可我們的選擇與行動，是瞄向實踐身分的。悲痛會成為一種特殊義務的原因在於，悲痛代表成效極佳地實踐這份義務的大好機會。因此我們有責任為自己悲痛，因為在悲痛時，我們的理性會更能掌握我們在追求自身利益時所做的事，因此悲痛有助於提高我們實際生活中的透明度。

一、盡責地為死者和他人悲痛

所羅門正確地觀察到，悲痛「非常明確地」與「個人重大損失所帶來的痛苦」緊密相連。悲痛是我們意識到，一直存在於我們實踐身分中的人已經離開，或至少不再以同樣方式存在時的反應。

誠如第二章所述，悲痛是一種隨著時間展開的複雜活動；悲痛期間各種雜亂無章的情緒，會摻雜在我們的選擇或行動中。我們是否有悲痛的責任，這個問題跟問我們是否有義務參與**這項**複雜的活動一樣（或者以特定方式、特定動機，來執行這項義務等）。這意味著，這項義務比所羅門所指的「感覺」到的責任，更要龐雜。

首先，我們假設每一種道德義務都有一個**對象**——任何道德義務的履行，都有針對的個體。執行義務的對象，可以是個人或一群人。通常我們能夠準確地指出義務針對的對象：一個人的姊妹、特定的朋友、一群被某些行為傷害的人等等。有時，我們則無法如此明確地指出義務的對象，我們可能對抽獎得主，或對未來幾個世代的人負有責任，但並沒有確切的指定是誰。在我看來，每項道德義務都有一個對象，這是相對較不具爭議的假設。[7]讓我們依次考慮，最有可能成為悲痛義務對象的候選者。

悲痛義務的一種可能對象，是其他活著的人，即那些為一位特定逝者悲痛的人。一般善意的義務，或與友誼相關的特定

義務，似乎能起到安撫慰問的作用，或為失者提供情感上的支持。若是我們自己也為死者悲痛，我們的責任可能會呈現出更多人際上及對稱式的特質。手足間彼此有義務為他們的父母悲痛，同事有責任為同事悲痛，狂熱的粉絲有責任為藝術家悲痛等等。這種「同悲」的義務，可能取決於跟團結、社團建構，及維護關係相關的義務。

將悲痛的義務理解成對生者的責任，這個觀點的缺失在於忽略了悲痛自我關注的本質。無論我們對別人和**他們的**悲痛，負有什麼責任，我們都有可能在不自覺陷於悲痛的情況下，履行這些義務。我們對別人的悲痛所承擔的義務，在某種層面上，往往是表演性質的，[8]以社會規範的情感參與或關注模式，來盡到這些責任。用悼念的義務來形容這些責任其實更合適，也就是說，那是與他人一起參與儀式的義務。歷史上，悼念一直受到嚴格的社會與傳統規範約束。維多利亞時代要求寡婦退出社群一年、穿黑衣兩年，現在看來確實過於古板。今日的悼念規範可能更加細微，更具文化多樣性。悼念的共同儀式往往是個人悲痛歷程的表現，但悼念可與悲痛分開，因為悼念時畢竟不必讓自己陷入悲痛的情緒活動裡。更有甚者，悼念與悲痛在時序上未必一致，且可能在概念或心理上脫勾：個人的悼念，未必代表他們心中的悲痛，反之亦然。悲痛與悼念的區別，解釋了為何可以僱用孝女白琴來幫（或陪同）我們哭喪，但卻無法將悲痛外包出去。哭喪可以「偽裝」，所以可以外包，而逾恆的悲痛則不能。

請注意，我在這裡並不懷疑悼念的責任。我只是建議，我們有義務悼念他人的這項臆測，並不表示我們有義務悲痛。因為悲痛這種主要以自我為中心的複雜情緒活動，無法跟悼念這類主要以他人為中心的**行為**畫上等號。我們對別人可能有悼念的責任，但這既不是、也不暗示我們有悲痛的義務。

悲痛義務的第二個可能對象，就是死者本人：當然了，許多人覺得本就應該為死者悲痛——否則就是對死者輕辱或不敬，正如我們在第五章第四和第五節中看到的，失者常覺得自己虧欠死者。當然了，我們會虧待死者這件事，本身就很有問題，我不敢指望在這裡解決這個哲學爭論。[9]我們不妨假設對死者的責任義務，是一種連貫的可能性，並接著思考，其中是否包含了悲痛的義務。在我看來，這其中有兩個疑點。

第一個是，就像把其他生者當成悲痛義務的對象一樣，把死者視為悲痛的義務對象，也違逆了悲痛內向或以自我為中心的本質。悲痛是由另一個人的死亡，所引發的情緒活動。相較之下，悼念更著重外在的表現。悼念逝者，是公開地喚起對死者的關注，我們可能正在履行對他們的義務，例如緬懷死者、提升他們的尊榮等等。因此，我們可能對死者負有責任，需採取各種紀念、緬懷等行動。而這類行為往往是個人悲痛歷程中的一環。但就算我們有執行此類行為的責任，且該義務是對死者必盡的責任，這仍然不是悲痛的義務。

第二個懷疑我們對死者有悲痛義務的理由是，我們不清楚這種義務的道德基礎到底是什麼？一方面，這種義務在很大程

度上，與對死者更常見的義務似乎無關。我們沒有必要為了履行死者的遺囑、遵守對死者生前的承諾、確保維護死者的墓地，而去悲痛，或以特定的方式悲痛。另一方面，其他履行這份義務的方式，似乎又不合適。沒有適度的悲痛，對死者並無明顯的傷害，也不會威脅到死者的權利等等。

再次強調，悲痛的義務，是參與以自我為中心的情感活動，確定自己與死者的關係，在個人的實踐身分中扮演適當的角色，因為這種關係，無法與死者生前所扮演的角色一樣了。悲痛當然可能包含或會引發悼念，我們有時會以悼念的方式來表達我們的悲痛。失者可能會追悼死者、保護他們的聲名、兌現對他們的承諾等，作為個人悲痛的一環，就這點來說，悲痛的義務可能**包含**了緬懷死者。但這不表示我們有義務**為死者**悲痛——我們若不悲痛逾恆，或以某種不甚恰當的方式去悲痛，就是冒犯死者。若硬要說我們對死者有責任，那麼悲痛似乎並不包括在那些責任裡。換個方式說，透過悲痛，或許能**間接地**履行與死者相關的義務，但就算我們有悲痛的義務，也不會是對死者的**直接**責任。

二、悲痛是為了自己

我們終於要討論到悲痛義務最終可能的對象了：失者本人。這是此項責任的對象的最佳人選。悲痛的義務是一種自我關注，或對自己的責任。所謂利己的義務，其義務的客體（即

履行義務的對象，或因不履行義務而受到傷害的個體）必然與義務的主體一致——即受義務所約束的個體，主體若未能實踐義務，便會受到譴責。當S違反了關注自己的責任時，受傷的人便是S自己。

我的建議可能會造成困惑。雖然史上諸多赫赫有名的哲學家聲稱，我們對自己有責任，但絕少當代思想家為這種主張申辯，還有許多人根本質疑這種義務是否存在。很多人認為，道德本質上是一種人際現象。我們會在第三節解決自我責任的概念問題。

但現在先讓我們解決一個更具體的疑惑，我們是否有悲痛的義務：這份所謂的義務內容到底是什麼？尤其是，這項義務在道德上對我們有何**要求**？

不出所料，我認為悲痛的義務，與悲痛帶給我們的獨特益處密切相關，也就是我們失去他者後，塑造實踐身分的自我認識。悲痛的責任，就是去追求瞭解我們的實踐身分，及其構成的要素（我們的價值觀、喜好、核心信念、情緒傾向），因為悲痛歷程是自我認識的大好機會，我們有責任追求這種自我認識，因此有悲痛的義務。

如此理解的話，悲痛的責任，就是道德哲學家所說的**不完美的**義務，一種不是藉由執行特定行為，而是透過對特定目標（在這種情況下，指的是自我認識）真心及持續地投入來實現的。這意味著我們不一定要作出特定的選擇，或從事某些行為，才能盡到悲痛的義務。就像行善事一樣，我們不一定得在

某些特定場合，為某些特定原因，捐助確切的數額。與其說悲痛的責任是孤立的特定行動或選擇，不如說，我們行動與選擇的整體模式，是否表現出一種持久、真誠的投入，以實現悲痛能孕育出來的、獨特的自我認識形式。因此，悲痛的義務是要我們藉由失去，把握住一些自我認識的機會，即使未能把握全部。此外，與這份義務相關的具體道德要求，會因人而異。畢竟，我們一再發現，依照失者與死者的關係，悲痛會呈現出不同的性質。例如，往生者的兄弟姊妹，悲痛狀況與商業夥伴不同。因此，由於悲痛過程各自有別，自我認識的途徑亦不一而足，而悲痛的責任（會反過來根植於自我認識的義務中），在不同情境中，對我們也會有不同的要求。

悲痛的義務建立在追求自我認識的責任上，這不表示個人只能以悲痛達成自我認識，來履行這一項義務。我認為失者往往在不知不覺中履行這項義務，他們悲痛時，並不特別意識到自己在追求自我認識，理解自己在做什麼或為何那麼做。部分原因是，失者悲痛時，自我參照的特性會在背後運作。誠如在第三章第七節中所見，大部分的悲痛活動都是針對另一個人，也就是往生者的。但這些對死者的想法，往往也是對自我的暗自審問。死者是不是故意留下遺書，讓失者在他死後發現？或發現死者保存了一張包含失者在內的照片，這在一定程度上都是一種自問，只是表面上像是對死者的行為感到困惑罷了。因此，履行自我認識義務的失者，毋須有意或刻意去做，但這並不會削弱這項義務的重要性。

三、對自己失望：自我認識與自愛

　　大家也許還是有疑惑，悲痛怎會成為對自己的責任：一個人怎麼可能用讓自己蒙受道德冤屈的方式悲痛？悲痛（或未能悲痛）會從哪個角度，讓我們從道德上對自己失望？未能獲得自我認識，真的會受到道德批評嗎？

　　要回答這些問題，我們可以求助於對自我義務的概念解釋得最透澈的哲學家：伊曼努埃・康德（Immanuel Kant）。對康德而言，我們的自我責任，根植於我們對自己作為理性主體的尊重。尊重自己作為理性的主體，意味著保護並培養我們所需的智力與體力，以期有效地追求我們的目標。因此，我們對自己的責任，包括維護自己的生命與健康，培養自身的才能，而不是矮人一截地當別人的奴隸或走狗。與我們的目標最相關的是，康德將自我認識的義務，囊括到我們的自我責任之中。據我所知，康德從未討論過悲痛的議題，但他對自我認識的理解，有助於澄清義務，與悲痛的義務之間的關係。

　　對康德而言，自我認識在倫理上具有兩種不同方面的意義：或者使我們更好地達成目標，或是使我們更瞭解自己的道德特質。康德特別強調後者的作用，他認為，自我認識在道德上，是我們義不容辭的責任，因為瞭解自己的品德，有助於抵銷「自愛」，這種「自愛」使我們傾向於用糖衣包裝自利的動機。對康德而言，人們往往假道學地為自己不甚光彩的行為找盡理由，掩飾自己真正的（以及不那麼高尚的）動機。因此，

自我認識，尤其是對自身品德和動機的認識，能抵銷這種自圓其說的傾向。康德認為，「瞭解（審視、理解）自己」，就必須提高「與個人義務相關的道德完善度……瞭解自己的內心──無論是善是惡，或行為動機源是否純潔」。[10]對康德而言，自我認識是我們保持道德誠實的方式。

然而康德對自我認識義務的解釋中，忽略了一個康德式的悲痛義務。悲痛帶來的自我認識，主要是對自身利益的認識，也就是認識構成我們實踐身分的目標，而不是去瞭解如何實現我們的目標，或瞭解自己的品德。悲痛為我們提供機會，讓我們在另一個人去世後，重新審視自己的目標，看清我們的實踐身分有多麼依賴他人的存在。他者離世會擾亂，甚至顛覆我們的實踐身分，讓我們在不同程度上，對自己的認同感到陌生。在最好的情況下，悲痛會促使我們作修正，使我們再次熟悉自己的實踐身分，把與死者的新關係，融入指引我們日常活動和選擇的實踐身分中，我們會開始瞭解如何靠自己好好地生活，並理性地追求實際上有益於我們的事物。

我在第三章第十節中提出，自愛和自我認識是相互交織的：自愛是我們關愛自己，為自身著想的狀態。為了使自愛有正當理由，展現我們應得到尊重，我們必須瞭解自己是誰，知道自己在乎什麼。愛一個自己不瞭解，或不想去理解的人，根本不算愛。悲痛形成了一種自我認識的形式，讓我們更全面而細膩地觀照自己。它讓我們認清重要的事，使我們的目標和整體生活變得更加理性透明。因此，對康德來說，自我認識只能

抵制自愛，但自我認識（尤其是悲痛帶來的那種自知）在**理解**自愛方面，也起了一定的作用。就康德式的自我關注義務本質而言，就是要使我們自己變得「比原本更加完美」[11]——悲痛代表一個重要機會，讓我們理性地去完善我們的自愛。因為在理想的情況下，悲痛的終極目標，就是使我們更加理解如何處理自己的生活。

四、自我義務的解惑

若說悲痛是一種義務，因為我們必須追求自我認識，這個論點能令人信服，那麼我們對自己至少負有一項責任。但懷疑論者還是會認為，該論點尚不足以涵蓋一個更廣的疑慮，那就是自我義務是否存在。如果無法回答這些疑問，那麼所謂悲痛的義務，似乎就不可信了。

我們無法在這裡對自我義務做徹底的剖析，[12]但至少讓我們對一些主要問題勾勒出答案，並將這些與自我義務相關的回答，跟悲痛的義務連結。

有些哲學家反對自我義務的論點，認為道德只關心其他人和其利益。依據這種反對意見來設想自己的義務，是對道德本質的誤解。[13]

道德在很大程度上與他人有關，這點是無庸置疑的。我們的道德榜樣，往往是那些對他人極具熱誠、願意犧牲自身利益或福祉，以保護或服務他人的人。但我們不該斬釘截鐵地認

為，道德完全排除了對自己的關注。過去幾個世紀以來，道德的一項正面發展，就是大多數人的道德關注範疇都擴大了。如今多數人都認識到，不僅所有人類在道德上都很重要——無論是種族、性別、宗教、性取向等——，連尚未出生的人類（也就是未來的世代）和非人類的動物，也需要道德關注。諷刺的是，道德關注範疇向外擴展的同時，大家也普遍認為，自我與道德無關——道德根本不欠自我什麼。但事實上，大家跟兩百年前一樣，都覺得對自我的責任，應該能激發出一定程度的謙遜：當我們高尚努力地關心他人時，是否忘記了我們與自己也有實質的道德關係？人們在作某些重大的道德選擇時，確實很難用只關注到我們與他人關係的道德詞彙來表達。約翰・羅爾斯（John Rawls）等自由主義思想家認為，在我們與自己的道德關係中，自尊（self-respect）尤其占有特殊地位。這是一種非常基本的地位；一個公正的社會，必須為所有個體，提供一個能建立並維護自尊所需的社會條件。[14]其他哲學家認為，種族主義、性別歧視或其他形式的迫害，會打壓受迫害群體中的個體，不敢表現自尊。因此尊重自己，是抵抗打壓自己和他人打壓的關鍵。[15]

因此，我們大部分的道德關注應該朝外的觀點，並不支持**所有**關注都應該向外的草率論點。我們有可能在道德上忽視或虧待自己，這表示我們對自己有需要履行的義務。悲痛時，我們向自己展示自己的重要性，因此悲痛是一種自愛——以及自我尊重的行為。

哲學家們一直質疑自我義務的第二個原因是，它們的存在很難與以下原則相符，即義務的客體能夠解除背負義務者的履行責任。舉承諾為例，假如A答應B會X，那麼B可以不要A去承擔這份義務，而解除A的承諾。然而，如果義務的客體，可以放棄他們的權利，那麼自我義務似乎便毫無分量可言了：假如我可以隨意解除對自己的責任，那麼自我義務便很難算是一種責任了。換種說法，如果你有執行X的義務，則表示X執行的對象，有**權利**反對你做X；如果你能輕易地揚棄一份義務，那麼就自我義務而言，這份權利就不值一提了。[16]

有些哲學家試圖駁斥這項反證，認為即使我們能放棄自我義務，但它還是義務無誤。[17]我建議循不同的角度去看：有些自我義務雖然可以放棄，但不是所有責任都能放棄——更何況，悲痛的義務，也就是追求自我認識的義務，屬於無法放棄的責任範疇。

欲瞭解其中原因，請再想想承諾的例子：假設一個人對自己作出承諾，便有了信守承諾的義務。[18]此人以後也許會毀諾，放棄該項義務。請注意，他的承諾與解除義務，都是自願行為的產物（作出承諾，然後食言）。這些自願行為，改變了特定事實的道德意義：承諾時，他將我們所討論的行為，從道德上的可選行為，變成了道德上的義務；在卸除承諾時，則將該行為的道德義務，逆轉回選擇性的行為。這位自我承諾的人，似乎擁有類似道德意義的**力量**，跟患者擁有接受醫療的同意權相似。道德力量使個人能透過自己的意志行為，去創造、

修正或終止道德事實。病人在同意接受治療時,將這項行為的道德狀態(允許醫生碰觸他的身體等等),從道德上的不允許,改變成道德上的允許。

每一種案例中的個人,都行使了自主權來改變道德事實。但這又引發出一個問題:如果這些權力促成了這種道德自決權,那麼這些權力本身在道德上有何重要性?再舉對自己承諾(及放棄承諾)的例子,從代理人的角度來看,這每一項行為都具有**道德權威性**,也就是說,它們之所以具有道德重要性,全是**因為**代理人行使自己的道德力量,許下與揚棄承諾。毋須多說,代理人的承諾在自己身上創造出一種責任,因為是他自己許的諾;而放棄承諾,也使他擺脫了這份責任,因為是他自己的決定。因此,這些權力必須在道德意義上,與它們所支配的道德事實有所不同。它們使道德自主權成為可能,但唯有在權力本身以**非**自主權的方式發揮作用時,才能如此。我們透過行使這些權力,實現新的道德事實,這意味著這些權力本身,具有**不**受我們意志支配的道德意義,也就是說,我們不能以放棄的方式,來隨意改變這一道德義務。因為如果這些權力可以被放棄,便無法解釋這些權力如何能夠創造、修改或放棄道德事實了,它們就只不過是又一種可以自行決定的道德意義罷了。我們將開始尋找一種更基本的權力,來容許我們放棄上述**那些**權力。因此我們修改道德事實的能力,以及能力中理性自主的一部分,必須構成一種道德基石,既能影響道德事實,但又不會影響道德事實本身的道德意義。[19]

追求自我認識的義務，以及因此而來的悲痛責任，很可能是自我承擔、不可放棄的義務之一。我們藉由悲痛，瞭解自身的實踐身分，這是一種極具價值的狀態，因為能使我們能好好追尋自己珍視的事物，也是自愛的表現，讓我們更加看清自己所愛的人。瞭解自己時，我們的理性自主更能接近理想的運作狀態，也就是說，我們能充分瞭解自己所作所為的理由。

懷疑自我義務的第三個理由是，我們很難解釋，我們對此類義務**負有責任**（accountability）。通常我們若違反對他人的道德義務，我們會覺得自己應該負責，也理所當然地受批評指責，或在某些情況下遭受處罰或制裁。有一種可能性是，悲痛是我們對自己應盡的義務，所以應該負起責任。回想一下所羅門的話，不表現悲痛，會招致「道德的譴責」，尤其是因「麻木不仁」或「沒有人性」，而格外讓人「羞恥」。但如果我說得對，悲痛是我們對自己該盡的義務，那麼無論我們對這個義務有何相關的責任，都一定是針對自己，而不是其他人的。悲痛不是一種強制執行的義務，不是其他人在道德上有權強迫或鼓勵我們履行的責任。事實上，那些因別人未能履行悲痛義務而羞辱別人的人，是在作道德干涉，等於把一個人對自己的責任，看成是第三方的事情。

然而這樣似乎仍無法清楚解釋，我們對這項義務該盡的責任。誠然，我們也許會用不同的概念，對違反利己主義的義務（包括悲痛的義務）進行問責，這些概念很可能與對其他人進行道德問責時所用的概念不一樣。我們不太可能把違反自利主

義的義務如悲痛的義務，看作是在傷害自己或侵犯自己的權利，起作用的反而是包括自尊、失望、後悔等概念。事實上，與自利的義務相關的使用詞彙，跟利他或人際責任相關的詞彙不同，但這並不表示前者不是真正的義務。例如，當我們未能適度悲痛，便有了遺憾的理由。但這種遺憾，跟我們被冤枉時感受到的不平，並不一樣：我們對自己的行為感到遺憾，但對他人感到不滿。未能好好悲痛，我們只是令自己失望而已，但為這樣的失敗感到後悔並責備自己，也是挺合理的。

如果以上對懷疑論的反駁，無法令人信服，我會樂意示範一項較弱，但仍然很重要的主張：無論我們是否有為自己悲痛的責任，我們都有充足的**理由**，為利己的道德本性去悲痛。因為悲痛提供我們難得的機會，讓我們更充分、理性、有愛地與自己相處。

五、結語

悲痛可能令人感覺是強制性的，甚至是緊迫的。我相信這點並沒有錯，因為事實上，我們有一項不完美的義務——或簡單地說，一種強烈的道德理由——去悲痛，這項義務根植於追求自我認識這個更大的義務中。我們在悲痛中，展現了對自己的愛與尊重。這項結論進一步支持了悲痛悖論的源由：我們有理由歡迎悲痛，並將其推薦給我們關心的人，包括我們自己在內。

第七章

瘋狂與醫療

　　悲痛的表象，在文化上呈現出來最顯著的樣態，往往是瘋狂——尤其是女性的瘋狂。

　　以奧菲莉雅（Ophelia）為例，當莎士比亞的《哈姆雷特》第四幕開啟時，葛楚德王后（Queen Gertrude）得知心煩意亂的奧菲莉雅要求與她會面。奧菲莉雅的情人，葛楚德的親生子哈姆雷特，剛剛無意間殺死了奧菲莉雅的父親波隆尼斯（Polonious）。「她一直談到她父親。」王后的侍從解釋道。

　　說她聽見了

　　世間的詭計；衣襬，和自己的心跳聲；

　　她斥喝稻草；說些莫名其妙的話，

　　有一半都聽不懂；她的話語毫無意義……

哈姆雷特的朋友何瑞修（Horatio）催促葛楚德快去見奧菲莉雅，擔心奧菲莉雅會「給沒頭腦的人／散播危險的妄想」。

　　奧菲莉雅隨後進來，以歌聲暗示性地唱出一名少女和一名

青年間的雲雨之歡，最後以撤回婚約收尾。她想起聽聞父親的
死訊。

> 他已經死亡離去了，夫人，
> 他已經死亡並離去了；
> 他頭上是綠地，
> 腳跟是墓碑。

在裝模作樣地警告說，她哥哥萊提茲（Laertes）「也會知道」
這個消息後，奧菲莉雅離開道別說：「晚安，女士們……親愛
的女士們。」國王克勞狄斷定奧菲莉雅因「極度悲痛」而發
狂，是「源於她父親的死」。奧菲莉雅稍後再度出場，如孩童
似地喃喃胡亂唱著（「嘿，諾呢諾呢」），一邊向聚集的人群發
放草藥，她哀嘆道：「他再也不會來了。」

兩場戲之後，葛楚德上場告訴萊提茲進一步的「壞消
息」：奧菲莉雅離開城堡後，遁入附近的樹林裡，爬上一條小
溪邊的柳樹。「她戴著美麗的花環而來／剪秋羅花、蕁麻、雛
菊和彊南星。」可惜樹枝斷了，奧菲莉雅墜入「嗚咽的小溪
裡，她的衣服攤張開來」。或許出乎意料的是，奧菲莉雅並沒
有在溪流中掙扎，她只是：

> 吟唱著古老的曲調；
> 像一個渾然不知大難來臨的人兒，

或一隻本色天然，卻被硬套上
衣物的獸隻：可惜要不了多久
她吸飽流水的沉重衣物，
便將這可憐人從她歌聲輕揚的躺游中
拖向泥濘的死亡裡了

「唉呀，那麼她溺死了嗎？」萊提茲問。「溺死了，溺死
了。」葛楚德答道。

奧菲莉雅的悲痛，引起其他角色的同情，可能也引起莎士
比亞本人的憐憫。但他們的反應也顯示出一種長期存在的文化
傾向 —— 把悲痛跟特定的瘋女類型作聯想。奧菲莉雅悲痛發
狂，她對悲痛的表達，斷續而間雜著囈語。她化身成反世俗的
森林仙女，遠離理性和文明的世界。奧菲莉雅近乎自殺的死
亡，看似一種不自然的悲痛下的自然產物，這點雖可以理解，
卻也反映出她反覆無常的女性特質。[1]就像在她之前的安蒂岡
妮（Antigone）一樣（譯註：古希臘劇作家索福克里斯〔Sopho-
cles〕知名悲劇中的女主角），失親的奧菲莉雅被寫得楚楚可
憐，卻又不祥，隨時會顛覆社會規範。悲痛，尤其是女人的悲
痛，是**危險的**。

一、悲痛會變成疾病嗎？

許多西方文化因此傾向對悲痛抱以懷疑的眼光，認為悲痛

對自我控制和社會控制造成威脅，且將這種威脅不成比例地歸類給了女性。[2]後來的科學證據顯示，那些仁人君子確實是想多了：男女性的悲痛方式往往不同。男性較少談論自己的悲痛，而且會用更客觀的方式去談，同時男人的情緒變化更大；但與女性相比，悲痛對**男性**來說，似乎更加惱人。[3]我們也許希望自己不再像古人那樣，把悲痛性別化，但悲痛究竟是健康還是病態的——悲痛是否為**醫學疾病**——這個問題一直未有定論。雖然一般認為，悲痛是自然且正常的，但我們在談論悲痛時，總是暗指悲痛需要治療。[4]蒂蒂安曾宣稱，失者「實際上生病了」，他們正在經歷一種「暫時性的躁鬱狀態」，我們不願將其稱為疾病，只是因為「這種精神狀態十分常見，對我們來說似乎很自然」。[5]威肯森觀察到，即使是「正常的悲痛」，也有許多與極度憂鬱相同的特徵，包括痛苦的情緒，以及被打斷的正常運作能力。[6]我們是否因此該把悲痛「疾病化」，把它看作是一種失調或病症？悲痛是一種瘋狂嗎？

約莫十年前，有關悲痛的醫療定位問題，引起了人們的關注，當時負責修訂美國精神醫學學會知名診斷手冊《精神疾病診斷與統計手冊》的一群精神衛生專業人員，提議修改手冊中對悲痛的描述。在那之前，該手冊指出，由於悲痛涉及高度的哀傷、焦慮，以及情緒、食慾、日常生活等方面的變化，與憂鬱症等精神疾病有許多相似之處。儘管如此，當時的手冊並未將悲痛歸類為精神障礙，因為悲痛是「對於所愛之人的死亡，正常且屬於文化上的典型反應」。後來工作小組提議在《DSM》

的後續版中，取消這種「失去他者排除」，並針對悲痛，提出
建議的精神障礙診斷標準——「複雜性悲痛症」。雖然精神衛生
界有部分人士支持這些更動，但反對意見也十分強烈，批評者
聲稱這些評量等同於將悲痛徹底醫學化。最終眾人達成協議：
取消排除失去他者，但也不採用與悲痛相關的精神障礙。[7]

　　反對這些評量的人士提出了一些批評，其中一個問題是，
複雜性悲痛疾病的擬議標準中指出，悲痛若持續超過兩週，會
引發醫療上的擔憂。批評者表示，兩週的時間對許多人來說，
並不足夠讓他們「處理」心中的悲痛，而且也未考慮到所有文
化和個人對悲痛歷程影響的不確定因素，例如性別、宗教信
仰、個人與死者的關係、死者如何去世等等。因此，這一特定
標準，缺乏了應對各種悲痛狀況所需要的反應細節。但其他批
評，則較少關注提案的細節，而是從哲學角度，擔心醫療化的
悲痛問題，會忽略悲痛在人類體驗中的核心地位或價值。哈佛
大學精神病學家和醫療人類學家凱博文（Arthur Kleinman）點
出其中許多批評的要點，指出在我們「把普通的悲痛，轉變為
需要治療的合適目標」之前，「得非常謹慎」。凱博文談到自
己的喪妻經驗時表示：

　　　我的悲痛，跟其他千百萬人一樣，標示出我失去了生
　　命中真正重要的東西。這種痛苦是回憶的一部分，或
　　許也是重塑的一環。它標示著一個時代和一種生活方
　　式的結束，標記出邁向新時代與不同生活形式的過渡

期。這份折磨使我脫離了平凡的日常，逼我質疑驅策我們生命的意義與價值觀。這種文化的重構——在我的生活世界中，既主觀，又是與他人共享的——具有道德和宗教的意義。將這種意義重新定義成醫療問題，意味著什麼？對我和我的家人來說，我直覺地感覺到，對許多其他人來說，這樣的文化重構，似乎並不合適，甚至是對我們生命中最重要事項的一種技術干預。[8]

凱博文的評論呼應了我在本書中，與悲痛本質及重要性的大部分觀點：悲痛反映了重大的損失，特別是死亡帶來的關係改變；悲痛標示出前後生活方式的過渡轉變；使人質疑自己的實踐身分，尤其是個人的承諾和習慣。但我們是否應該像凱博文一樣，將悲痛的臨床化或病態化視為畏途？他認為這麼做會導至悲痛的「技術」重構，而扭曲我們心底所珍視的東西。但他是對的嗎？

關於「醫療化」的問題，在哲學上並非直截了當的，[9]尤其是涉及精神治療時。大家對於一個人表現出哪些特質，才算是疾病或失調，目前尚無明確的共識。本章不會試圖解決這些大範疇的問題。我會聚焦在悲痛的議題上，申論我們應該在很大程度上，抵制把悲痛醫療化。悲痛會改變我們的生心理；即便悲痛看似合乎精神障礙的正統標準，但在大多數情況下，仍是對引發悲痛的人生事件，所起的健康反應，而不是病態反

應。此外，悲痛通常是健康的，這表明了這些標準本身可能過於包山包海，也就是說，它們並未排除符合標準，但非病態的狀況。因此，悲痛是精神疾病正統定義的反例。最後，我擔心把悲痛歸類成精神障礙，對我們的喪慟經驗會產生不利的影響。我們應該抵制把悲痛醫療化，我認為即便是極端或強烈的悲痛情形，我們也沒有理由認為它們是病狀。失者的悲痛反應雖類似憂鬱症等情緒疾病的症狀，但這些人並不是因悲痛而生病。喪慟者也許會生病，且他們的疾病與悲痛密不可分，但他們幾乎從不是**因悲痛而病**。作為結論，我提出一個建議，解釋如何從醫學或精神病學的角度，去理解悲痛。

二、悲痛是心理健康的指標

將悲痛醫療化的理由很簡單：悲痛常具備其他醫療疾病的屬性，最明顯的就是憂鬱症。但這項事實，應該跟其他悲痛**不應**醫療化的事實，做一個平衡。其中一些原因已在前面章節中稍微提過了。

悲痛是面對他者死亡的自然反應，正如我們在第三章中所見，我們從失去中復原，也一樣自然。悲痛在情感上雖是一大負擔，但總體來說，多數人都能挺過失去，並恢復到約與死者離世前相同的生活品質。因此，悲痛代表了一項人類真正的問題，但大多數人都有資源能善加處理。複雜的悲痛歷程並不常見——久久不散的悲痛，或揮之不去的負面情緒——，大約每

二十五例中有一例，[10]但某些族群的發生率明顯較高。這表示悲痛本身不是一種疾病，即使偶爾會有值得醫療關注的嚴重狀況。

　　某些精神障礙，例如思覺失調症，會有精神病狀的特徵（如妄想）。據我所知，我們尚未發現悲痛與任何精神疾病有關。這並不表示悲痛完全不會影響我們的認知，悲痛似乎會導致記憶力下降、[11]減低口語流利度，[12]及錯誤的信息處理。[13]但這些缺陷似乎有跡可循、毫不奇怪，因為失者在注意力[14]或情緒方面，都遭遇到困難。[15]正如我們討論過的悲痛本質顯示，失者正在經歷一種持續性的、高度關注與死者生前關係的狀態裡，他們可能因分心而影響認知功能——他們的心思全放在別處了——，而這是可以預料到的。[16]因此失者似乎無法全心參與認知的工作，並不是因為他們的認知能力不足。無論如何，不管悲痛為我們的思維帶來什麼樣的挑戰，它都不會給我們的認知帶來病態的缺陷。大多數情況下，這些缺失的問題都不大，似乎只會影響到特定族群，或那些極度悲痛，或狀況「複雜」的人。因此，悲痛似乎與受損的思維、感知或推理，沒有很強的內在關係。

　　同樣地，如果我們的大腦沒有烙下悲痛的印記，也會令人震驚。因為就像我們之前所見，悲痛可能是人類生活中最大的壓力。悲痛會擾亂多巴胺和血清素等調節情緒的神經化學物質比例，還會影響大腦連接神經和神經元的邊緣系統（limbic system），這有助於解釋與悲痛相關的繁雜情緒。悲痛似乎也

影響了負責計劃、決策和表達個人思想的前額葉皮層，以及在下意識中調節呼吸、消化和睡眠的副交感神經系統。影像學研究發現，長期悲痛的女性在看到已故親人的照片，或與死亡相關的文字時，大腦中與獎勵相關的區域，活動會增加，這表示失者對死者的依戀仍持續不斷。[17]事實上，大腦中似乎沒有一個部位，不會受到悲痛的影響，[18]因此沒有任何精神或身體系統，能對悲痛免疫。簡言之，失者的大腦充滿壓力，其情緒免疫系統，正遭受多管齊下的攻擊。也確實有些人把大腦對悲痛的反應，比成對創傷的反應。[19]

然而我們還無法確定，是否該以這些神經學的發現，去推斷悲痛應被醫療化。鑑於悲痛是對人生重大事件的回應，我們應能預料到我們的身心也會作出相應的反應。悲痛對我們的情緒免疫系統是個強大的挑戰，我們的悲痛反應，顯示出那些系統的潛在健康狀況。正如臨床心理學家凱‧傑米森（Kay Redfield Jamison）的精闢描述：

> 有人說，悲痛是一種瘋狂，我不同意。悲痛有部分清醒理智的情緒，是瘋狂所沒有的。[20]

來作個比較：發燒往往是傳染病的徵兆，但作為對傳染病的反應，發燒是身體對抗病原體威脅時，所樂見的徵兆。當然了，發高燒可能會危及健康。因此，我認為，悲痛的情況也是如此。若是悲痛反應過於劇烈或難以駕馭，就會對我們的幸福構

成威脅。例如，我們在第一章指出，悲痛有時會導致身體健康不佳，甚至死亡。失者的自殺念頭會比較高，[21] 但這並不足以顯示悲痛本身是病態的，正如高燒不足以顯示中度或輕微發燒是病態的。回到先前的一些例子：何者的悲痛反應，更能顯示出心理的健康，是莫梭的不悲不痛，還是傑克‧路易斯在喬伊死後的極度悲痛？當然是後者了，即使我們可能會擔心傑克究竟能否承受更多悲痛。

從情緒、認知或神經學的角度來看，失者在很大程度上是健康的，這與我們在前幾章中的發現十分吻合。悲痛**可能**影響決策，尤其是（如同我在第五章中所言）必須代替死者做決定時。但失者似乎並未全面當機，他們的悲痛反應，在質和量上，都很切合悲痛的對象；悲痛雖經常帶給我們壓力，卻很少令我們潰不成軍。因此，悲痛通常不是因經歷喪亡而造成的功能失調或非理性反應。除了極少數情況外，我們的悲痛預示了良好的心理健康，而非疾病、失調或病態。

三、悲痛期間的運作

悲痛似乎符合了對精神障礙的傳統理解，儘管悲痛不是病，但這項事實也許表明了傳統的理解方式不夠細膩，無法捕捉到悲痛的真諦。

像《DSM》這類的著作強調，如果心理狀況嚴重到會造成負面情緒（焦慮、痛苦、不快樂等），或損害我們「社交、職

業、教育或其他重要功能」（意即我們完成日常工作與追求的能力），便算是疾病。在思考我們的心理困擾何時需要就醫時，這兩項因素無疑是很好的起點。同樣地，悲痛也具備許多難以用精神疾病去理解的特質。

首先，某種狀況是否能算得上疾病，得視該狀況的歷史，以及出現該狀況的個人而定。僅只檢查一個人生命中的「一小段時間」，就決定他們是否有負面情緒或功能受損，會忽略掉此人如何陷入那種狀態，及這種狀態所展現的重要性。就悲痛而言，我們若從悲痛反映出來的個人史中抽離出來，尤其是不顧及失者的實踐身分關係時，悲痛確實很像精神病。[22] 我們當然**不該**迴避那項事實，悲痛畢竟不會空穴來風，也不僅是各種需要處理的「症狀」。悲痛是一種根據其促發對象，所作出的合理反應。一名遭受巨大損失的人，**本就應該**經歷負面情緒，也難以發揮正常功能，若是**沒有**這些狀況，精神狀態才令人堪憂。此外，每段悲痛歷程，都有各自的歷史。誠如我們在第三章所提，它們往往不全然是線性或可以預測的。然而，如果在悲痛初期，出現負面情緒或功能受損，那麼這些類似精神疾病的表現，便不算是病態了。我們應該能料到，傑克·路易斯在喬伊去世後的最初幾週，會覺得傷心、失落和昏昏欲睡。如果這些狀況持續過久，便可能會讓人擔心他生病了。但要確定悲痛是否具有臨床意義，我們必須將負面情緒和受損的功能，放到個人一生的經歷和遭遇中去考慮，認識到失去他者往往是個人一生中的關鍵時刻。

　　第二，我曾討論過，悲痛代表一種深度自我認識的獨特機會。僅從這兩種損害——負面情緒和功能受損——的角度來看待精神障礙，會排除掉含有這兩種損害的實際狀況，也許仍然可能對個人有益。精神障礙的傳統模型認為，悲痛是病態的，因為它偏離了個人或統計常態的基本線，向下沉淪到幸福平原的山谷底下。然而，在穿越悲痛的低谷後，有時似乎會通往自我認識的高峰，在這座高峰中，我們的實踐身分會與往生者作新的融合。在傳統模型中，難過的感覺或功能失常，只會被視為不幸。根據該模式，精神疾病並不是什麼良機，而我所說的，因「痛苦有益」，所以失者會樂於受苦，則只是一種矛盾的說法。當然了，認為悲痛能為我們提供獲益的機會，就得認可某種事情對我們有益。這似乎是精神疾病傳統理解上的一項短處，而非強項。傳統思維除了認定要感覺良好和功能正常之外，欠缺對益處的深入理解，甚至無從掌握我們為何要悲痛。若從臨床的角度來看，悲痛**只是**單純的心理痛苦和功能障礙罷了，那麼所有可能解決悲痛悖論的方法，就都行不通了。如果以這種狹隘的方式來定義人類的益處，那麼悲痛不可能會有好處。我以此為證明，傳統思維對精神障礙的理解存在缺陷。[23]

　　我認為，即使悲痛涉及強烈的負面情緒或損及社交功能（我絕不否認失去可以讓人至此），面對他者離世的狀態說明了，像《DSM》這類對精神障礙的理解方式，可能失之大而無當，把實際上通常算健康，甚至有益的東西，也歸類成病態。[24]因此，悲痛可作為現有醫學對精神障礙理解的反例，因為即使

悲痛具有精神障礙的兩項必要因素，卻同時兼具了其他屬性，而這些特質並不適合被視作病態。反過來說，這也表示精神障礙的這兩項必要因素，並不足夠。

四、循環效應

質疑悲痛醫療化的最後一項原因，來自於伊安・哈金（Ian Hacking）的觀察——疾病分類，是人類在對人進行歸類或區分時，所用的「人的方式」。[25]哈金發現，人類的歸類或分類，與其他事物的分類截然不同。當免疫學家將病原體歸類為病毒時，該分類會影響隨後的科學研究和實踐。例如，它會將研究導向如何治療與病毒相關的疾病，但那種分類應該不會改變病原體本身。當免疫學家在一九八〇年代發現愛滋病，乃是由人類免疫缺乏病毒所引起的之後，雖然大幅影響了我們與愛滋病的關係，但根本不會改變病毒本身的實質或化學特性。相反，人類具有社會意義，因為人類「承載著各種價值」，對於善惡、偏好、恰當與否等等，自有判斷。這表示當一名當權者，把一個人歸類成反社會者、音樂神童或學習障礙者時，往往會影響世人對此人的理解，包括當事人自己在內。因為一個人知道自己屬於特定類別後，其思維和行為都會受到影響。因此人類也許會出現哈金所說的「循環效應」（looping effects）：被歸類成K類人，會改變K類成員的態度和行為，以及其他人對K類人的態度與行為。這種循環效應在醫學分類上，似乎格外明

顯。當一個人被歸類為病人時，社會就會對他們（或他們的狀況）產生患病前不曾有的期望。例如，二十世紀中葉前後，酗酒者對自己的看法，有極大的差異。原先大家認為酗酒是一種惡習，或意志薄弱的表現，後來愈來愈多人將其視為生理因素造成的成癮問題。在這一變化的前後，酗酒者在講述自己的故事時，可能極為不同。以前酗酒者是失德的社會行為偏差者，應該以自己的狀況為恥。酒精中毒被醫療化後，酗酒者可以合理地把自己視為自然的受害者，因為酗酒的肇因，已經從人的性格，轉移到生物學或自身的基因構成上了。在酗酒者自己心中和其他人眼裡，他應該得到的是治療，而不是排擠或斥責。醫療診斷是一種將個人劃分成某類人的行為，因此往往會改變一個人的自我概念。這跟被歸類為病毒的病原體不同，一個被列為酗酒者的人（或反社會者、音樂神童、學習障礙者），會有往符合診斷期望靠攏的傾向，因為診斷改變了他們的自我概念。

我認為悲痛是一種很容易受到哈金斯循環效應觀點影響的現象，如果悲痛老是被當作一種疾病或失調的話。我們已觀察到，悲痛極具價值，它常受到廣泛的社會態度影響，例如誰適合悲痛，什麼樣的悲痛才算恰當等等。卡繆筆下的莫梭之所以受到迫害，並不是因為表面上的謀殺罪，而是因為他在母親死後未能表現悲痛。西方文化長期以來，視奧菲莉雅和其他心碎的女性為異常與瘋狂，這種懷疑同時詆毀了男性的悲痛，或將其邊緣化。我們在當代文化中，看到其他環繞在悲痛這個議題

的文化處方（cultural prescriptions，譯註：利用藝術活動，協助處於各種患病狀態的人士，擺脫負面情緒，使身心更為健康）案例。近年來，研究人員和失者紛紛質疑庫伯勒──羅斯五階段理論的否定／憤怒／討價還價／沮喪／接受的模式。然而五階段模式具有非凡的文化持久力，許多失者對採用該模型的悲痛諮商師感到失望；他們抱怨說，即使該模型並不符合他們自身的喪慟經歷，諮商師依舊鼓勵他們用五階段的模型假設，來看待自己的經驗。因此，五階段模型既是規範，也是描述；它描述悲痛歷程應當如何展開，而不是去解釋實際上的展開原因。[26]

當代對於悲痛的想法，也受到文學和媒體敘事的影響。蒂蒂安的《奇想之年》是暢銷書，米奇・艾爾邦（Mitch Albom）的《最後十四堂星期二的課》（*Tuesdays with Morrie*）也是如此。處理悲痛題材的電影無處不在，從叢林冒險中，能透過高科技項圈與人類溝通的狗（《天外奇蹟》〔*Up*〕），到以佈滿沙礫的沿岸小鎮為背景，安靜親密的家庭劇（《海邊的曼徹斯特》〔*Manchester by the Sea*〕），不一而足。妄言批評這些虛構的悲痛治療，我會覺得很無禮。我們確實能從這些電影中，學到很多關於悲痛的知識，但儘管如此，悲痛敘事是一種風格類型，用悲痛應如何推展的慣例，去做為敘述的基礎。這些慣例往往包含失去他人是一輩子的掙扎或痛；悲痛會導致持續的憂鬱或無所適從；從悲痛「復元」需要透過徹底的溝通，或是遇到某種醍醐灌頂或宣洩性的事件才能夠辦到。然而這些慣例

並不承認，大多數人能夠很快地完全「走出」悲痛，悲痛的負面情緒往往是斷斷續續的，不像憂鬱症那樣揮之不去，大多數人的悲痛會逐漸消淡，而非靠單一的轉換事件去解決或克服。符合此類慣性的喪慟回憶錄十分受到歡迎，也證明了受眾如何受到引導，期望對悲痛的描述，能符合某種風格類型。可惜類型片與現實往往並不相符，它們反映的是消費者的品味，這種品味根植於觀眾對體裁事實的誤信（犯罪故事未能真實呈現警務工作，而「西部片」也無法精確反應出真實的美國西部）。因此，類型片在商業上變得積重難返。作為一種風格類型，當代的悲痛敘事之所以能夠成功，是因為它們滿足了觀眾的期望。違反這些期望的悲痛敘事──（例如）描述一個人在失去他者後，心理稍微掙扎一小段時間，不久後便恢復從前的日常和幸福了──，不僅缺乏傳統的戲劇美德，可能還會令觀眾感到困惑，或者根本無法吸引觀眾。

因此，喪慟經驗強烈受到文化**劇本**（cultural scripts）的影響，受到對禮儀和對正常行為的期望形塑。把悲痛醫療化，會創造出另一類這樣的文化劇本，有可能就像哈金「循環效應」的假設所預測的，這個劇本會影響失者及他們對悲痛的理解。我認為，把悲痛視為**悲痛症**，在很大程度上，會對人們處理自己的悲痛，起到有害的影響。換言之，人們會受制於社會的期許，而認為有悲痛症的人，**應該**如何如何，而失者也會按照那些期許來處理自己的悲痛。如此一來，可能損及失者借助悲痛來提升自我認識的能力，而這正是悲痛的最大優點。

　　要瞭解原因，我們必須考慮到，自認患有**悲痛症**，與自認面臨了**人類的悲痛困境**，到底有何不同。

　　把悲痛視為疾病，就是將悲痛的不同感情成分——最基本的難過，加上迷惘、焦慮、憤怒、喜悅，以及你遇到的各種情緒——當作是潛在問題的症狀，而不是證明悲痛既能讓我們參與跟死者的關係，又能塑造反映我們實踐身分的新關係的證據。如果悲痛是一種病，那麼它的「症狀」向失者表達的，是一種假設的疾病，而不是失者所面臨的挑戰，因為失者必須適應失去他者的新現實。若用患病的心態行事，失者很可能把悲痛視為一種單純的疾病，而不是（如我之前所說的）一種自我認識的獨特機會。作為疾病，悲痛將是某種可以「克服」或「渡過」的東西，而非一種可以作為基礎的條件。把悲痛當病，可能會阻礙重建自我的過程，在我看來，自我重建才是悲痛的真正目的。

　　此外，把悲痛醫療化可能會誤導失者，以為自己的狀況是被動的，而不是依靠自己的意志和選擇，在這場持續的活動中扮演核心的角色。因此，失者很可能僅以受害者的角度來看待自己，焦急地等待悲痛自行化解或減輕。

　　最後，把悲痛醫療化，可能導致失者認同悲痛，就像那些酗酒或有其他毒癮問題的人認同自身的處境一樣。請注意，有成癮問題的人，可能按自身的狀況來定義自己，用異於他人的方式稱呼自己，「我是毒蟲」或「我是個酒鬼」，而癌症患者就不會用同樣的表述方式（「我是罹癌者」？）。我認為悲痛

在我們的身分認同**形塑**中，佔有重要的席位。然而，我們應該有所警惕，莫把悲痛納入自我認同中固定的一環——把自己擺在永遠標示著「悲痛」的垃圾桶裡。這麼做可能會阻滯悲痛的進程或化解，促使個人與心中的悲痛建立起病態的關係。失者在悲痛「診斷」的影響下，可能不會用他們自己的語言，而是用臨床精神病學的語言，來描述自己的經歷，這往往會阻礙個人逐漸適應的能力。[27]因此，要解決與悲痛相關的身分認同危機，不是讓自己認同心中的悲痛。

我擔心將悲痛醫療化，會破壞、阻礙或劫持自我探究和自我重建，而這些正是使悲痛對我們具有重大倫理意義的事項。醫療化會改變我們對喪慟經歷的陳述，[28]把自己的狀況當成悲痛症或遭受悲痛的打擊，失者可能無法真切地體驗悲痛。就像塞利夫‧泰金（Serife Tekin）的解釋，《DSM》從精神障礙的角度著手，結果忽略了自我，使得：

> 精神障礙的描述，與主觀經驗不相容，致使個人的注意力，從自己對精神障礙的理解，〔引向〕依賴《DSM》所說的內容上。這會使精神障礙患者，難以瞭解他們的狀況及其意義，嚴重限制了他們找出對策的能力。[29]

我**不是**說我們有可能完全擺脫環繞著悲痛的文化期望，我的意思**是**，那樣的期望，可以多少是健康的，對於建構出值得的喪

慟經驗，多少有些建樹性。醫療化很可能會讓悲痛的優點遠離我們的期望，因為，為了減輕悲痛的壞處，醫療化會將我們「繞回」我們的自我概念裡，而剝奪了悲痛所能提供，攸關人類幸福的重大好處。

五、結語

因此基於幾個不同觀點，我作出了我們應抵制把悲痛醫療化的結論。我不認為其中任何一項因素，本身便具有決定性。每個人對於把悲痛醫療化，都有不同的考量，而且對於哪些考量與醫療化最為相關，也有不同意見。這些論點雖然對悲痛的醫療化持懷疑態度，但並不像米歇爾・傅柯（Michel Foucault）和湯瑪斯・薩斯（Thomas Szasz）等思想家那樣，為了對精神病學的制定提出質疑，而將之概括化。我的論點並不否認精神障礙的存在，或精神病醫學的合法性，僅是闡明**悲痛**並不能明確地滿足任何合理的、能確保醫療化的條件，假如我們慣常地將悲痛歸類成疾病或障礙，可能會弊大於利。因此我們應謹慎地，不往醫療化的方向靠攏、討論，或給予把悲痛徹底醫療化的權利。當悲痛**導致**疾病——憂鬱、焦慮等——時，醫學可以發揮重要的作用，但將悲痛病態化這件事，會扭曲悲痛，並可能削弱我們利用悲痛來改善生活的能力。

我的結論意味著什麼？從理論上講，我們應該反對採用針對悲痛的精神疾病，如「複雜性」或「長期性悲痛障礙」

（prolonged grief disorder）等。悲痛與失去他者，應該維持其
V代碼（V-code，譯註：精神疾病診斷準則，V代碼本身並不
是一種疾病，但會影響疾病的診斷、預後或治療）的狀態，臨
床醫生和醫務人員在治療患者時，應牢記這一點，因為可能會
影響診斷、預後或疾病治療，儘管其本身並**不是**一種疾病。換
句話說，對心理健康專家而言，如何理解一個悲痛的人，並構
思其治療方式，是很重要的。但悲痛在這方面並非特例，因為
有**許多**生活環境，會莫名地導致精神障礙。例如各式各樣的生
活壓力，如吸毒、離婚或久病不癒，似乎會導致憂鬱症或焦
慮。[30]但在那些案例中，個體罹患的是憂鬱症或焦慮症，而不
是「複雜的吸毒障礙」、「離婚拖延障礙」等問題。因此，這
類壓力引發的悲痛，有助理解精神障礙的**根源**，但這些壓力本
身並不是精神疾病。請注意，這並不排除那些悲痛造成憂鬱、
焦慮或其他情況而有資格獲得醫治的人。這只是表明悲痛本
身，並非個人應得到醫治的基礎或理由罷了。

結論

悲痛是人性

　　關於理解悲痛的哲學探討，已近尾聲了。我們已瞭解悲痛的本質——我們為誰悲痛、為何悲痛，以及悲痛是什麼；悲痛的價值，以及悲痛雖然痛苦，但還是可能對我們有益；悲痛往往是對其促使原因的理性反應，不能據此得出那是我們受精神疾病折磨的結論；還有，人類如何自我反省，並思索生命中重大事件對我們的意義，我們理應好好地體驗悲痛。通書看下來，我們已看到悲痛並不像許多古代哲學家認為的，是對人性的**威脅**；悲痛是人性最可貴的表現形式之一。愈來愈多的證據顯示，非人類動物也會悲痛。[1]無論如何，我們複雜的大腦和社會進化的本質，確保了我們悲痛的方式，可能比動物所受的痛苦要複雜許多。我們人類之所以與眾不同，部分原因在於我們深知自己生命有限——我們不僅知道死亡，還知道自己跟所有的生物一樣，**終將**一死。[2]同時，人類彼此依附的傾向，使我們在遺失依戀對象或依戀受到威脅時，容易感到強烈的痛苦。我們對死亡的理解，加上我們的自我意識和對時間流逝的感受，使得悲痛耗去了我們的情感專注力，包括一系列不同的

情緒，並引發我們對實踐身分的質疑。悲痛展現出我們最大的人性特質，呈現了我們的全貌。

但願這些篇章能讓人感到安心或得到寬慰，讓我們為未來的喪慟經驗作好準備，同時釐清我們已走過的，悲痛歷程中大部分的迷思或困惑。可能有人會擔心，這樣的結論過於美化可怕的喪慟經驗了。人們可能認為，從哲學角度正視悲痛的問題，就得探究悲痛的壞處，才不會對不起那些逝去的人。

我並未堅持悲痛**一定且總是**理性的、值得的等等，某些悲痛反應會減損我們的理性，有些悲痛歷程承受太多痛苦，就算獲得了自我認識，也不足以補償。對悲痛抱持謹慎樂觀的態度，似乎是必要的。悲痛不是一般所說的，不可磨滅的傷口；悲痛代表一個機會，一個以新的眼光維繫我們所重視的關係，並與自己建立一份更成熟清晰關係的機會。的確，悲痛過程中或許包含了絕望，但我們不應該**對**悲痛感到無望，因為少了這份傷痛，我們不會過得更好。「在悲痛和虛無之間，」尚盧・高達（Jean-Luc Godard）的電影《斷了氣》（*Breathless*）中的主角說得好，「我選擇悲痛。」[3]

我之前（在第三章第八節中）曾建議，悲痛的目的既不是為了放下，也不是為了死守我們與死者的關係。相反，我們應該在悲痛中，從過去與死者的關係中建立新的關係。從這個角度來看，悲痛是通往**自由**的道路。我們所說的自由，不是與政治運動相關的社會政治自由，而是個人和心理的自由：悲痛不能使我們擺脫過去的關係，也不應如此，但它可以讓我們超越

實踐身分的限制，因為這些假設死者還活著的實踐身分，已經不再適合我們了。悲痛在這方面，能催生出更大的自主權。

同理，悲痛讓我們有機會發揮**創造力**。之前（在第一章第三節）我將悲痛比喻成音樂即興創作，進一步闡明這個類比：悲痛賜給我們一個前所未有的機會，去彈奏情感的「樂譜」。樂譜本身由我們與死者的關係性質和歷史等背景因素決定，而這些事實又反過來以死者的個人史、我們的個人史與身分認同，及這些因素如何相互交織作為依據。我們當然可以抵制彈奏這份樂譜──去抗拒悲痛，因為怕悲痛的經歷是不能承受之重。但我們若能且戰且走，樂譜將在很大程度上，決定我們的悲痛歷程如何展開。但即便如此，我們對悲痛還是能有**一定的**掌控，如同音樂家在即興演奏時一樣。之前我表示，悲痛是一種關注力與活動狀態，不是我們僅能去經歷的被動狀態。音樂家能縮短或延長音符，我們也可以嘗試加快或減緩悲痛的特定階段。音樂家可以透過改變調性來變化樂曲的氛圍，我們也可以試著轉換悲痛的情緒基調。因此，即興創作及悲痛過程中所涉及的創造力，基本上並不是什麼奇巧的事。正如茱莉安・鍾（Julianne Chung）觀察到的，悲痛具有創造性，涉及理解或整合由同一原因造成的一套經驗，因為我們挹注實踐身分的人去世了。鍾表示：「悲痛的目標不在於創新，而在於與它所屬的情況，適切地融合。」[4]

當然了，我並不建議各位盲目地接受這些哲學結論，我只是希望能呈現出支持它們的可信理由。倘若讀者發現我對悲痛

的描述可信，想弄清楚它的含義，那麼請容我提出可能會出現的兩個問題。

　　第一個問題涉及到這種悲痛的哲學理論——它所關注的核心是什麼，又為何重要——是否**僅限於**悲痛。我們在日常用語中，經常廣泛地用「悲痛」來形容各種不同類型的心理痛苦。此外，當關係的轉變，是由死亡之外的因素所造成的時，我們也很有可能進入一種與悲痛相似的狀態，夫妻離異、子女離家、企業公司倒閉、員工換工作、我們所關愛的人受傷或健康衰退；名人、藝術家和政治領袖可能暴出醜聞，這些都不涉及他人的**死亡**，但在每一種情況下，我們都可能面臨我說過的，悲痛所帶來的挑戰：我們與投注實踐身分的對象的關係，無法再像從前那樣繼續下去了，我們得把它擺到一個新的立足點。正如自我認識和重建的實踐身分，能從悲痛的情緒考驗中萌生一樣，自我認識和重建的實踐身分，也可以在這些事件過後浮現。因此，我用死亡如何改變我們與死者的關係來描述悲痛，且釐清這些關係在我們日後的實踐身分中所占的位置時，可能無意中也詳實地談到許多其他重要的人生事件。換句話說，這種關於悲痛的哲學理論，實際上是一種對**創傷**的哲學解釋，只是透過悲痛的**鏡頭**來闡述罷了。[5]

　　本書的重點是死亡所造成的悲痛反應，不在於從整體上理解人類的創傷。不過我懷疑，本書大部分內容與其他各種「悲痛」或類似悲痛的情況一致且能夠適用。死亡所引起的悲痛，可能是「悲痛」的典型案例，因此透過詳細的解讀，我們可能

學到許多其他悲痛形式的知識。因此，如果我們在闡明這個悲痛的哲學理論時，對一般的創傷也有了哲學性的理解，會是個可喜的結果。

儘管如此，本書所關切的悲痛議題——由我們挹注實踐身分的死者所引起的悲痛——在程度與種類上，也許都與其他創傷不同，這些差異使得悲痛成為一種值得獨立研究的現象。

如同之前所說（第三章），悲痛可能是人生事件中，壓力最大、情感負擔最重的事件。在許多情況下，它可能比我們遭受的多數其他類型的創傷更為痛苦，其中一部分原因來自損失的性質：父母或手足的死亡，改變了失者與認識了一輩子（或近乎一輩子）的死者間的關係；老夫老妻喪偶，改變了失者的日常。與其他的依戀形式相比——例如我們的工作——，我們對他人的依戀，對於我們的實踐身分更重要，難怪失去他者的痛，在人類承受的創傷列表中，通常排名靠前。

悲痛往往比其他創傷更嚴重的第二個原因在於，失去是**不可逆的**。離婚的打擊雖大，但離婚者有時會與對方再婚，就像知名女星伊麗莎白・泰勒（Elizabeth Taylor）和李查・波頓（Richard Burton）那樣；被解僱的人可能會回到原來的工作崗位；但死去的人，卻沒辦法起死回生。死亡表示無法回到原來的狀態；死亡的終結性，可能會加劇失去的創痛，因為失者最終別無選擇，只能被迫承認失去。失者無力改變引發悲痛的事實，讓自己好過一些——事實上，沒有**任何人**能夠改變。因此，失者希望世界恢復成原來的樣子，是不切實際的。

　　悲痛的痛苦，可能比其他創傷嚴重的第三個理由是，失去他人的損失是**不可替代的**。回想一下塞內卡把已故的友人比喻成偷來的外衣。據塞內卡的說法，不換掉偷來的外衣是很蠢的，而不「替換」掉已故的友人，也同樣愚蠢。但塞內卡的說法並未考慮到我們特有的人際關係，是不容易被取代的。例如，寡婦鰥夫，很可能跟各方面都與前任相似的對象結婚。畢竟，寡婦和鰥夫可能保有伴侶去世前的性格、興趣等，因此被可能合適自己的人所吸引，這是可以理解的。但若以為這麼做，是為了**取代**已故配偶，那就錯了。新配偶的特質，不會跟前任相同，此外，他們是在與已故配偶完全不同的時間點，走入寡婦或鰥夫的生活裡。因此，那些喪偶後再婚的人，除了再婚之外，並無取代配偶的意圖。更進一步說，亡故的配偶並**無法被取代**。相較之下，許多其他的創傷性損失，是**可以**替代，或至少是能夠彌補的。個人可以搬離受天然災害摧殘的社區、找到新的工作，或離婚後再婚，但死去的親友無可取代，這意味著我們可能會發現自己不知所措，不知道有什麼可以填補這一空白。我在書中捍衛的觀點是，走出悲痛的方式不是填補那個缺口，而是重塑自己，讓那缺口不再需要被填補。我們改變自己的實踐身分，讓那個缺口不再威脅我們的價值觀、關注和目標。這並不是否認個人**真的**能走出悲痛，甚至比失去之前過得更幸福，但是發生這種情形時，並不是因為死者已經被替換掉了。

　　因此我們有理由認為，悲痛比其他創傷更痛，但悲痛往往

與其他種類的創傷不同。

我們已經看到，除了難過之外，悲痛還包含許多其他情緒，常見的一種是恐懼或焦慮。當我們為感情依戀的對象悲痛時，很可能會感到恐懼或焦慮。配偶、父母或好友的離世，可能帶來不安，因為個人日常生活中的「支柱」不在了，無法提供保證、安慰或支持。但這種恐懼或焦慮，也反映出一種更**真實存在的**不安全感，因為他人的死會提醒我們，我們**所在乎的一切**——用本書的說法，即**我們的實踐身分**——都取決於容易消亡或毀滅的現實。假設某人的嚴父或慈母往生了，死者穩健溫柔的照顧，讓失者感覺世界是安定與溫暖的，那麼那位長者的離世，會讓失者質問：「如果我所愛的人可以被摧毀，還有別的什麼是會被摧毀的？」也就不奇怪了。可悲的是，答案當然就是，**所有一切**都可能被毀，沒有任何工作、住所、生態系統、人際關係、政府·機構，能**免於**遭受破壞或衰敗，因此人類跟天下萬物一樣，過著朝不保夕的生活，但我們必須抱持這份惱人的認知活下去。萬一我們忘了，擁有我們實踐身分的人離世時，也會提醒我們。

悲痛強調出我們**自身的**脆弱性，因此悲痛有別於其他的創傷。他人的死，凸顯出我們的實踐身分何其脆弱，因為許多因素都不是我們能夠掌控的。我們為那些擁有我們實踐身分的人感到悲痛，他們的死是我們自身的翻拍，凸顯了實踐身分在死亡的面前不堪一擊。我們自己的死亡跟其他損失不同，不是僅僅剝奪掉我們某些可能的生活方式，或某些特定的實踐身分而

已,而是徹底奪走所有可能的實踐身分。死亡排除掉我們的各種可能性,因為它排除了我們。因此,悲痛給我們帶來一項挑戰,讓我們在意識到**所有**實踐身分的脆弱性和偶然性後,形塑出一種新的實踐身分,甚至是擁有實踐身分的機會。這樣的認知,自然會引起害怕,甚至驚恐。

從這些角度來看,悲痛與其他創傷不同,會引發更深層或更嚴重的危機,因為悲痛會刺眼地提點出我們的脆弱和有限。

第二個問題如下:既然讀者對悲痛的性質和意義有更深入的哲學理解,應該對悲痛更有準備了吧?(或者我是這麼認為的。)但這些知識,真的能讓讀者作好萬全準備,讓悲痛本身變得微不足道或顯得多餘?如果深入瞭解悲痛的性質和意義,能使悲痛更易於應付且更有價值,我們是否應該期望,同樣的認知,也能讓我們對悲痛免疫?認為悲痛的哲學知識,會使得悲痛變得多餘,這種想法既不現實,也不可取。

誠然,對悲痛的哲學理解可以(而且應該)改變我們悲痛的方式,或許還能緩解最糟糕的情緒狀態。尤其是這份理解,能使我們在經歷失去之前,先設法處理悲痛。我在第五章討論到預期性的悲痛現象——在預期的親友死亡之前,便已悲痛不已。讀者當然可以在預期性的悲痛期間,運用從本書獲得的、對悲痛性質與重要性的認知,來思索(例如)自己與垂死親友的關係、對方在自己人生中所扮演的特定角色,以及對方未來在自己生活中能扮演的角色。換句話說,一個處於預期性悲痛中的人,可以預見對方離世後,必須改變自己的實踐身分,甚

至能與臨終者一起討論他們死後的未來。如此慎重的對待死亡與悲痛，或許是非常健康的。而這說明了一點，親友死亡的**時間點**，對於悲痛及悲痛的過程，比我們想像的更具偶然性。

同樣地，對悲痛的哲學理解並非完全可以預測，或沒有必要。我試圖提供一種能夠掌握悲痛本質與意義的哲學理論，同時認識到，每一場悲痛的經驗，都有極大的差異。如第二章所示，悲痛理論的目標應該是從悲痛的多樣性中找到統一性，但悲痛的哲學指南並無法為**個人的**悲痛過程提供良方。悲痛是不按常理出牌、十分即興的，得視乎我們個人的歷史，以及我們與死者間的關係而定。就像鍾氏所說的那樣，悲痛要求我們：

> 對我們的處境細節作出回應（關於我們的想法、感受和整體環境），以創造我們想要創造的事物……這不是憑靠計畫就能實現的，即使我們且戰且走地作出各種臨時應變和極具彈性的「計畫」。[6]

此外，悲痛善於提供我們的好處——自我認識——其實很難捉摸，以至於我們無法利用對悲痛的理解，去預測悲痛，或避免悲痛。倘若悲痛能很容易地使我們深入瞭解自己——瞭解構成我們實踐身分的價值觀、承諾和關注點——，那麼悲痛本身的價值就會減少許多。由於我們不夠明瞭自己，所以需要藉助悲痛，讓我們更接近自我認識。因此瞭解悲痛的性質和重要性，並不意味我們擁有悲痛允諾的自我認識。這套哲學理論並不能

告訴你，**你的**悲痛性質或意義，將會是什麼。

　　我強調過，悲痛是無法避免的。我們可以善加利用悲痛，但最終，我們還是無法凌駕悲痛，也不該有這種期望。

註釋

導言

1 包括聖奧古斯丁（St. Augustine）、蒙田（Montaigne）、齊克果（Kierkegaard）和維根斯坦（Wittgenstein）。

2 J. T. Fitzgerald, "Galen and His Treatise on Grief," *In die Skriflig* 50 (2016): a2056.

3 Scott LaBarge, "How (and Maybe Why) to Grieve Like an Ancient Philosopher," in B. Inwood (ed.), *Oxford Studies in Ancient Philosophy*, supplementary volume (Virtue and Happiness: Essays in Honour of Julia Annas) (Oxford: Oxford University Press, 2012), p. 329.

4 *Republic* 604d2, in *Plato in Twelve Volumes*, vols. 5 and 6, P. Shorey, trans. (Cambridge, MA: Harvard University Press, 1969).

5 *Republic* 387c–388a. 想要透澈理解柏拉圖對悲痛的看法，見：Emily Austin, "Plato on Grief as a Mental Disorder," *Archiv für Geschichte der Philosophie* 98 (2016): 1–20.

6 *Phaedo*, 117b–c, in *Plato in Twelve Volumes*, vol. 1, H. N. Fowler, trans. (Cambridge, MA: Harvard University Press, 1966).

7 "How (and Maybe Why) to Grieve Like an Ancient Philosopher," p. 323. LaBarge 指出亞里斯多德是多數中的一個例外。

8 Seneca, *Epistulae Morales* no. 63（"On grief for lost friends"）, R. M. Grummere, trans. (Cambridge, MA: Harvard University Press, 1917–25).

9 精神或生命力。

10 *Zhuangzi* 18, as translated by Paul R. Goldin in his *The Art of Chinese Philosophy* (Princeton, NJ: Princeton University Press, 2020), pp. 142–43.

11 本書其後的篇幅會探索為何悲痛會使我們感到震撼。

12 C. S. Lewis, *A Grief Observed* (New York: Harper Collins, 2015). First publication by Faber and Faber, 1961.

13 Lewis, *A Grief Observed*, p. 3.

14 Lewis, *A Grief Observed*, p. 5.

15   Lewis, *A Grief Observed*, p. 12.

16   Lewis, *A Grief Observed*, p. 24.

第一章：我們為誰悲痛

1   *World Factbook* (https://www.cia.gov/library/publications/the-world-factbook/index.html, accessed January 8, 2017).

2   事實上，實際情況似乎相反：對每一場死亡都感到悲痛的人，有道德上的缺陷。我們之後會看到，這種「不挑」的悲痛，表示缺乏依戀或特殊的情感連繫；這種連繫使得悲痛成為可能，同時也有助於塑造美好而有意義的人生。

3   某些文化發展出與流產相關的高度儀式化悼念。當代日本有種叫「水子供養」（mizuko kuyo）的儀式，用來悼念流產、死產和人工流產的胎兒，這些做法似乎流傳到日本境外了。見 Jeff Wilson, *Mourning the Unborn Dead: A Buddhist Ritual Comes to America* (Oxford: Oxford University Press, 2008).

4   Kathryn J. Norlock, "Real (and) Imaginal Relationships with the Dead," *Journal of Value Inquiry* 51 (2017): 341–56，這篇論文強調了我們與往生者的關係，通常以「想像」的形式維繫，例如與死者的對話。

5   Monique Wonderly, "On Being Attached," *Philosophical Studies* 173 (2016): 223–42.

6   Christine Korsgaard, *The Sources of Normativity* (Cambridge: Cambridge University Press, 1996), p. 101.

7   Korsgaard, *The Sources of Normativity*, p. 20.

8   Matthew Ratcliffe, "Grief and Phantom Limbs: A Phenomenological Comparison," *New Yearbook for Phenomenology and Phenomenological Philosophy* 17 (2019): 75–95, 這篇論文探討了悲痛與「幻肢」（phantom limb）間的差異，後者指截肢或失去肢體後仍然感受到它們存在的感覺。

9   Joan Didion, *The Year of Magical Thinking* (New York: Vintage International, 2007), pp. 188–89.

10   Lewis, *A Grief Observed*, p. 26.

11   悲痛過程中「我失去了一部分的自己」的真實性，相關形而上學的探討，見：C. E. Garland, "Grief and Composition as Identity," Philosophical Quarterly 70 (2020): 464–79; https://doi.org/10.1093/pq/pqz083.

12   Martha Hodes, *Mourning Lincoln* (New Haven, CT: Yale University Press, 2015).

13   Matt Ford, "How the World Mourned Lincoln," *The Atlantic* online, April 14, 2015, http://www.theatlantic.com/politics/archive/2015/04/how-the-world-mourned-lincoln/390465/, accessed January 21, 2016

第二章：悲痛時會經歷什麼

1   具有哲學背景的讀者可能以為，要探究悲痛的本質，便得解決關於情感本質的廣泛理論問題——情感是否是主要認知狀態如判斷或信念、是身體意識的狀態、是對世界的認知等等。關於悲痛的本質，就我能力所及，我的看法是，悲痛在這些競爭的立場中是中立的。我不認為需要解決這些問題，才能夠理解悲痛的本質。我無法在此為這種主張進行論證；僅希望這些不同理論立場的支持者，在我的悲痛本質闡述中，不會發現與他們自己的理論相違之處。

2   Ludwig Wittgenstein, *Philosophical Investigations*, G.E.M. Anscombe, trans. (Oxford: Basil Blackwell, 1958), part II, chapter 1, p. 174.

3   Wittgenstein, *Philosophical Investigations*, part II, chapter 9, p. 187.

4   Wittgenstein, *Philosophical Investigations*, part II, chapter 1, p. 174.

5   See Achim Stephan, "Moods in Layers," *Philosophia* 45 (2017): 1481–95，這篇論文支持了這一論點。

6   Elisabeth Kübler-Ross, *On Death and Dying* (New York: Scribner, 1997).

7   John Bowlby, *Loss: Sadness and Depression* (New York: Basic Books, 1982).

8   Paul K. Maciejewski, Baohui Zhang, Susan D. Block, and Holly G. Prigerson, "An Empirical Examination of the Stage Theory of Grief," *Journal of the American Medical Association* 297 (2007): 716–23（又稱為「Yale bereavement study」）；George Bonanno, *The Other Side of Sadness: What the New Science of Bereavement Tells Us About Life After Loss* (New York: Basic Books, 2009); and Ruth Davis Konigsberg, *The Truth About Grief: The Myth of Its Five Stages and the New Science of Loss* (New York: Simon & Schuster, 2011).

9   J. William Worden, *Grief Counselling and Grief Therapy* (New York: Springer, 2009), pp. 140–42.

10   再次強調，我認為悼念是表達悲痛的方式，但並非所有的悲痛皆為悼念，反之亦然。

第六章中會深入探究悼念與悲痛的對比，討論我們是否有悲痛的義務。

11 Michael S. Brady, *Emotional Insight: The Epistemic Role of Emotional Experience* (Oxford: Oxford University Press, 2013).

12 Sebastian Wazl, *Structuring Mind: The Nature of Attention and How It Shapes Consciousness* (Oxford: Oxford University Press, 2017).

13 Wazl, *Structuring Mind*, p. 2.

14 Anthony Kenny, *Action, Emotion, and Will* (London: Routledge and Kegan Paul, 1963).

15 這一觀點，是關於死亡壞處的普遍比較主義或「剝奪」論點的基礎，也就是說，死亡對於往生者只有壞處，因為死亡會使死者的總體幸福感，低於更長壽時的水準。

16 我認為死亡（即處於死亡狀態或死亡的事實）跟垂死，對往生者來說是很不一樣的經歷。許多失者聚焦在死者的垂死過程，但這並不是死亡狀態或死亡的事實，也不太可能是悲痛的正式對象。

17 受啟發自：Travis Timmerman, "Your Death Might Be the Worst Thing Ever to Happen to You (But Maybe You Shouldn't Care)," *Canadian Journal of Philosophy* 46 (2016): 18–37, and Kirsten Egerstrom, "Making Death Not Quite as Bad for the One Who Dies," in M. Cholbi and T. Timmerman (eds.), *Exploring the Philosophy of Death and Dying: Classical and Contemporary Perspectives* (New York: Routledge, 2020), pp. 92–100.

18 在第五章我們會再次探討關於悲痛是否為理性的觀點。

19 *Upheavals of Thought* (Cambridge: Cambridge University Press, 2001), pp. 81–82.

20 Dan Moller, "Love and Death," *Journal of Philosophy* 104 (2007): 309–10.

21 Seneca, *Epistulae Morales* 63.

22 Norlock, "Real (and) Imaginal Relationships with the Dead."

23 亦即，在情感上擺脫死者。

24 S. R. Shuchter and S. Zisook, "The Course of Normal Grief," in M. Stroebe, W. Stroebe, and R. Hansson (eds.), *Handbook of Bereavement: Theory, Practice, and Intervention* (New York: Cambridge University Press, 1993), p. 34.

25 *A Grief Observed*, p. 58

26 雖然悲痛常會造成一些生理「症狀」，如消化困難、疲勞和肌肉疼痛等，但這並不令人意外。

27 See Kathryn Gin Lum, "Hell-bent," *Aeon*, July 7, 2014, https://aeon.co/essays/why-has-the-idea-of-hell-survived-so-long, accessed February 20, 2020, and Mark Strauss, "The Campaign to Eliminate Hell," *National Geographic*, May 13, 2016, https://www.nationalgeographic.com/news/2016/05/160513-theology-hell-history-christianity/, accessed February 20, 2020.

28 D. Klass, P. R. Silverman, and S. Nickman, eds., Continuing Bonds: New *Understandings of Grief*, (New York: Taylor & Francis, 1996)

第三章：在悲痛中尋找自我

1 Elisabeth Kübler-Ross, *On Death and Dying*.

2 Albert Camus, *The Stranger*, S. Gilbert, trans. (New York: Vintage, 1946), p. 1.

3 Camus, *The Stranger*, p. 60.

4 David Carroll, *Albert Camus the Algerian: Colonialism, Terrorism*, Justice (New York: Columbia University Press, 1955), p. 27.

5 T. H. Holmes and R. H. Rahe, "The Social Readjustment Rating Scale," *Journal of Psychosomatic Research* 11 (1967): 213–18, and M. A. Miller and R. H. Rahe, "Life Changes Scaling for the 1990s," *Journal of Psychosomatic Research* 43 (1997): 279–92.

6 I. M. Carey, S. M. Shah, S. DeWilde, T. Harris, C. R. Victor, and D. G. Cook, "Increased Risk of Acute Cardiovascular Events after Partner Bereavement: A Matched Cohort Study," *JAMA Internal Medicine* 174 (2014): 598–605.

7 我會在第三章第九節繼續討論這種可能性。

8 Stephen Darwall, *Welfare and Rational Care* (Princeton, NJ: Princeton University Press, 2002)，書中提出，一個人的利益（對其有利的事物）在於，在乎那個人的其他人會希望那個人想要什麼。

9 Troy Jollimore, "Meaningless Happiness and Meaningful Suffering," *Southern Journal of Philosophy* 42 (2004): 342.

10　在第六章，我們會探討悲痛在道德上的益處，與我們是否有義務為死者悲痛的關聯。

11　Robert Solomon, "On Grief and Gratitude," in his *In Defense of Sentimentality* (Oxford: Oxford University Press, 2004), p. 4.

12　"Finding the Good in Grief: What Augustine Knew That Meursault Could Not," *Journal of the American Philosophical Association* 3 (2017): 103.

13　Didion, *Year of Magical Thinking*, p. 27.

14　Lewis, *A Grief Observed*, p. 28.

15　我們會在第七章討論這些爭議。有關悲痛理論，特別是關於病理性悲痛爭議的有力概述，見：George A. Bonanno and Stacy Kaltman, "Toward an Integrative Perspective on Bereavement," *Psychological Bulletin* 125 (1999): 760–76, and Colin Murray Parkes, "Grief: Lessons from the Past, Visions for the Future," *Psychologica Belgica* 50 (2010), especially pp. 18–22.

16　雖然不令人訝異，但悲傷通常也會伴隨生理「症狀」，包括消化不良、疲勞、肌肉酸痛等等。

17　Love's Knowledge," in B. McLaughlin and A. Rorty (eds.), *Perspectives on Self-Deception* (Berkeley: University of California Press, 1988), p. 487.

18　"Love's Knowledge," p. 490 (emphasis added).

19　Didion, *Year of Magical Thinking*, p. 68.

20　Harry Frankfurt, *The Importance of What We Care About* (New York: Cambridge University Press, 1988), p. 83. 實際上，失者沒有把幸福挹注在死者的持續存在中，是種**假裝**悲痛的表現，見：Tony Milligan, "False Emotions," *Philosophy* 83 (2008): 213–30, and Jollimore, "Meaningless Happiness and Meaningful Suffering," pp. 339–40.

21　徹底否認並妄想死者尚在人世的情況，在悲痛中其實相當罕見，見：Maciejewski et al., "An Empirical Examination of the Stage Theory of Grief."

22　Rick Anthony Furtak, *Knowing Emotions: Truthfulness and Recognition in Affective Experience* (Oxford: Oxford University Press, 2018), p. 78.

23　所羅門的〈論悲痛與感恩〉的中心思想是，對悲痛不屑一顧與不願意表達感激之情，源自於對人類脆弱性和相互依存的抗拒。

24 更多有關悲痛如何打破生活的慣常模式，見：Peter Whybrow, *A Mood Apart* (London: Picador, 1997); Kym Maclaren, "Emotional Clichés and Authentic Passions: A Phenomenological Revision of a Cognitive Theory of Emotion," *Phenomenology and the Cognitive Sciences* 10 (2011): 62–63; and Matthew Ratcliffe, "Relating to the Dead: Social Cognition and the Phenomenology of Grief," in Thomas Szanto and Dermot Moran (eds.), *Phenomenology of Sociality: Discovering the 'We,'* (New York: Routledge, 2016), pp. 202–15.

25 我認為，不為某人的死悲痛，也是自我認識的催化劑，這表示一個人與死者間再無身分認同構成的關係，甚至可能從來沒有過。因此，我們也許會訝異自己竟然不覺得悲痛，因為我們太容易輕信這種關係的存在了。

26 Stephen Mulhall, "Can There Be an Epistemology of Moods?" *Royal Institute of Philosophy Supplement* 41 (1996): 192.

27 "The Dual Process Model of Coping with Bereavement: A Decade On," *OMEGA* 61 (2010): 277.

28 Ester Shapiro, *Grief as a Family Process: A Developmental Approach to Clinical Practice* (New York: Guilford, 1994); Tony Walter, "A New Model of Grief: Bereavement and Biography," *Mortality* 1 (1996): 7–25; and S. M. Andersen and S. Chen, "The Relational Self: An Interpersonal Social Cognitive Theory," *Psychological Review* 109 (2002): 619–45.

29 Ami Harbin, *Disorientation and Moral Life* (Oxford: Oxford University Press, 2016), p. 2.

30 Owen Earshaw, "Disorientation and Cognitive Enquiry," in L. Candiotto (ed.), *The Value of Emotions for Knowledge* (London: Palgrave MacMillan, 2019), p. 180.

31 Colin Parkes, *Bereavement: Studies of Grief in Adult Life* (London: Penguin, 1996), p. 90.

32 馬修・拉克利夫從莫里斯・梅洛龐蒂（Maurice Merleau-Ponty）的現象學中發展出來的觀點認為，喪慟體驗是「貫穿於失者世界中，存在、缺席和不確定性等因素的交織作用」。（"Towards a Phenomenology of Grief: Insights from Merleau-Ponty," *European Journal of Philosophy* 2019, DOI: 10.1111/ejop.12513). 關於悲痛把過去與往生者的經驗，跟往生者離世後的當前經驗，串雜在一起的議題，見：Thomas Fuchs, "Presence in Absence: The Ambiguous Phenomenology of Grief," *Phenomenology and the Cognitive Sciences* 17 (2018): 43–63.

33 "Love and Death," in J. Deigh (ed.), *On Emotions: Philosophical Essays* (Oxford: Oxford University Press, 2013), p. 173.

34 James Morey, *Living with Grief and Mourning* (Manchester: Manchester University Press, 1995), and Colin Parkes and Holly Prigerson, *Bereavement: Studies of Grief in Adult Life*, 4th ed. (New York: Routledge, 2010).

35 Lewis, *A Grief Observed*, p. 25. See also Ratcliffe, "Grief and Phantom Limbs: A Phenomenological Comparison," and Ratcliffe, "Toward a Phenomenology of Grief," pp. 2–3.

36 Lewis, *A Grief Observed*, p. 5.

37 Lewis, *A Grief Observed*, p. 17.

38 Lewis, *A Grief Observed*, p. 25.

39 *SelfKnowledge for Humans* (Oxford: Oxford University Press, 2014), p. 10. 湯瑪斯·艾提格（Thomas Attig）提出了相似的見解，認為悲痛可以讓我們「重新認識」自我、世界，以及我們與死者的關係：*How We Grieve: Relearning the World*, revised edition (Oxford: Oxford University Press, 2011).

40 Solomon, "On Grief and Gratitude."

41 Brady, *Emotional Insight*, p. 154.

42 Furtak, *Knowing Emotions*, p. 20.

43 Norlock, "Real (and) Imaginal Relationships with the Dead."

44 Ratcliffe, "Relating to the Dead: Social Cognition and the Phenomenology of Grief."

45 拉克里夫還提出，這種第二人稱的互動，使人們較易理解，死亡如何使他們的世界變得晦澀難懂。（ "Relating to the Dead," p. 211).

46 See Alexis Elder, "Conversation from Beyond the Grave? A Neo-Confucian Ethics of Chatbots of the Dead," *Journal of Applied Philosophy* 2019, https://doi.org/10.1111/japp.12369, and Patrick Stokes, "Ghosts in the Machine: Do the Dead Live on in Facebook?" *Philosophy and Technology* 25 (2012): 363–79.

47 Furtak, *Knowing Emotions*, p. 36. See also Moller, "Love and the Rationality of Grief," in C. Grau and A. Smuts (eds.), *Oxford Handbook of the Philosophy*

of Love (Oxford: Oxford University Press, 2017), p. 11. DOI: 10.1093/oxfordhb/9780199395729.013.35

48 Alexandra Zinck, "Self-referential Emotions," *Consciousness and Cognition* 17 (2008): 496–505.

49 Chai M. Tyng et al., "The Influences of Emotion on Learning and Memory," *Frontiers in Psychology* 8 (2017):1454. DOI:10.3389/fpsyg.2017.01454

50 Sigmund Freud, in "Mourning and Melancholia," *Internationale Zeitschrift für Ärztliche Psychoanalyse [International Journal for Medical Psychoanalysis]* 4 (1917): 288–301.

51 See Bonanno, *The Other Side of Sadness*, and Konigsberg, *The Truth About Grief*.

52 Walter, "A New Model of Grief: Bereavement and Biography."

53 A. Futterman, J. Peterson, and M. Gilewski, "The Effects of Late-Life Spousal Bereavement Over a 30-Month Interval," *Psychology and Aging* 6 (1991): 434–41; S. Zisook et al., "The Many Faces of Depression Following Spousal Bereavement," *Journal of Affective Disorders* 45 (1997): 85–94; George Bonanno et al., "Resilience to Loss and Chronic Grief: A Prospective Study from Preloss to 18-Months Postloss," *Journal of Personality and Social Psychology* 83 (2002): 1150–64; Bonanno al., "Grief Processing and Deliberate Grief Avoidance: A Prospective Comparison of Bereaved Spouses and Parents in the United States and the People's Republic of China," *Journal of Consulting and Clinical Psychology* 73 (2005): 86–98; Bonanno et al., "Resilience to Loss in Bereaved Spouses, Bereaved Parents, and Bereaved Gay Men," *Journal of Personality and Social Psychology* 88 (2005): 827–43. 關於這篇研究的概述,見:M. Luhmann et al., "Subjective Well-Being and Adaptation to Life Events: A Meta-Analysis," *Journal of Personality and Social Psychology* 102 (2012): 592–615, and Bonanno, The Other Side of Sadness, chapter 4.

54 Moller, "Love and Death."

55 Ryan Preston-Roedder and Erica Preston-Roedder, "Grief and Recovery," in A. Gottlib (ed.), *The Moral Psychology of Sadness* (London: Rowman & Littlefield, 2017), pp. 93–116.

62 我與莫樂的歧見,源於對悲痛對象的看法不同。莫樂認為,我們悲痛的是失去死者("Love and the Rationality of Grief," p. 10),而我則認為,我們悲痛的是失去曾有

的關係。悲痛的對象是失去的關係，這個觀點能解釋悲痛的一系列事實：悲痛是有選擇性的；悲痛的過程因人而異，視個人與往生者的關係性質而定；他人的死亡會帶來迷惘或失去自我的感覺；我們會為情感上並不親密的人悲痛等等。相對地，莫樂認為悲痛的對象是失去的死者，這個觀點說明了我們為親近的人悲痛的**事實**，但卻未能解說是**哪些**關係使我們悲痛、我們**如何**悲痛、於**何時**悲痛（悲痛時期有多長、以何模式悲痛等等），以及我們悲痛的**原因**。有關莫樂的進一步批評，以及我們是否應該對自己的悲痛方式感到後悔，請參見我的著作："Regret, Resilience, and the Nature of Grief," *Journal of Moral Philosophy* 16 (2019): 486–508.

63　這個論點受到以下著作的重要影響：Jordan MacKenzie, "Knowing Yourself and Being Worth Knowing," *Journal of the American Philosophical Association* 4 (2018): 243–61.

64　我曾提出，一個人出現自殺的念頭，可被視為失去了自愛的能力，見："Suicide Intervention and Non-ideal Kantian Theory," *Journal of Applied Philosophy* 19 (2002): 245–59; and "A Kantian Defense of Prudential Suicide," *Journal of Moral Philosophy* 7 (2010): 489–515.

65　在愛情關係中，大多會涉及對於所愛之人的獨特看法和身分認同，就這一論點，可見以下以此為題的著作：Troy Jollimore, *Love's Vision* (Princeton, NJ: Princeton University Press, 2011).

第四章：從痛苦中獲益

1　Aristotle, *Rhetoric*, 1378a.

2　Hume, "Of Tragedy."

3　Colin Klein, "The Penumbral Theory of Masochistic Pleasure," *Review of Philosophy and Psychology* 5 (2014): 41–55.

4　Michael Brady, *Suffering and Virtue* (Oxford: Oxford University Press, 2018), pp. 26–32.

5　Brady, *Suffering and Virtue*, p. 17.

6　"An Introduction to Ill-Being," in M. Timmons (ed.), *Oxford Studies in Normative Ethics*, vol. 4 (Oxford: Oxford University Press, 2014), p. 267.

7　St. Augustine, *Confessions*, F. Sheed, trans., Michael P. Foley, ed. (Indianapolis, IN: Hackett, 2006), 4.4.59. [Original composition AD 397–400.]

8　St. Augustine, *Confessions*, 4.4.59–60.

9　Lewis, *A Grief Observed*, p. 5.

10　Dideon, *Year of Magical Thinking*, p. 52.

11　Antti Kauppinen, "The World According to Suffering," in Michael Brady, David Bain, and Jennifer Corns (eds.), *The Philosophy of Suffering* (London: Routledge, 2019), pp. 2–20.

12　Joseph Raz, "On the Guise of the Good," in Sergio Tenenbaum (ed.), *Desire, Practical Reason, and the Good* (Oxford: Oxford University Press, 2010).

13　G. E. Moore, *Principia Ethica* (Cambridge: Cambridge University Press, 1903), p. 27.

14　Agnes Callard, *Aspiration: The Agency of Becoming* (Oxford: Oxford University Press, 2018), p. 72.

15　Talbot Brewer, *The Retrieval of Ethics* (Oxford: Oxford University Press, 2009), p. 37.

16　Klein, "The Penumbral Theory of Masochistic Pleasure."

17　就這個例子更深入的闡述,見我的著作:"Finding the Good in Grief: What Augustine Knew That Meursault Could Not."

18　Adam Swenson, "Pain's Evils," *Utilitas* 21 (2009): 197–216.

19　再次強調,這樣的個體可能並不清楚更宏大的活動價值所在。懷孕的母親可能只是隱約覺得分娩雖然會痛,卻很「自然」,而嚮往疼痛。

20　Jollimore, "Meaningless Happiness and Meaningful Suffering."

第五章:悲痛時的理性

1　這裡有個符合邏輯的可能性,那就是悲痛必然是理性的。我找不到支持這種觀點的理由,因此便把它放到一邊。

2　Stephen Wilkinson, "Is 'Normal Grief' a Mental Disorder?" *Philosophical Quarterly* 50 (2000): 297.

3　見第四章第五節。

4　Hyu Jung Huh et al., "Attachment Styles, Grief Responses, and the Moderating Role of Coping Strategies in Parents Bereaved by the Sewol Ferry Accident,"

European Journal of Psychotraumatology 8 (2018). DOI:10.1080/20008198.2018.1 424446

5　類似現象出現在恐懼症裡：恐懼症患者對特定現象有著非理性的恐懼，但這些恐懼並 不一定源於對這些現象的非理性或錯誤信念（怕蜘蛛的人，對蜘蛛的危險性不需要有 誤解）。透過讓反應變麻木的「脫敏」（desensitization）方式，或反覆曝露在恐懼的 現象中，藉著重新訓練患者偏斜的注意力模式，使他們不再恐懼，能有效地治療恐懼 症，見：J. N. Vrijsen, P. Fleurkens, W. Nieuwboer, and M. Rinck, "Attentional Bias to Moving Spiders in Spider Fearful Individuals," *Journal of Anxiety Disorders* 23 (2009): 541–45.

6　Donald Gustafson, "Grief," *Nous* 23 (1989): 457–79.

7　Gustafson, "Grief," p. 466.

8　Gustafson, "Grief," p. 469.

9　我在以下著作中提出了針對哥斯塔夫森的更深入評論："Grief's Rationality, Backward and Forward," *Philosophy and Phenomenological Research* 94 (2017): 255–72.

10　和哥斯塔夫森意見相背、但更有同情心的評論：Carolyn Price, "The Rationality of Grief," *Inquiry* 53 (2010): 20–40.

11　這個例子也說明了，一種類型的證據（嗅覺），會促使我們去尋找其他類型的證據 （如視覺等）。

12　這也是我所說的準悲傷現象。

13　Nancy Sherman, "The Moral Logic of Survivor Guilt," *New York Times*, Opinion- ator, July 3, 2011, https://opinionator.blogs.nytimes.com/2011/07/03/war-and -the-moral-logic-of-survivor-guilt/, accessed March 21, 2020.

14　當然我們對於過去的事件會有情緒反應（後悔、感激等等）。

15　David I. Shalowitz, Elizabeth Garrett-Mayer, and David Wendler, "The Accuracy of Surrogate Decision Makers: A Systematic Review," *Archives of Internal Medicine* 166 (2006): 493–97.

16　Elizabeth K. Vig et al., "Beyond Substituted Judgment: How Surrogates Navigate End-of-Life Decision-Making," *Journal of the American Geriatrics Society* 54 (2006): 1688–93, and Jenna Fritsch et al., "Making Decisions for Hospitalized Older Adults: Ethical Factors Considered by Family Surrogates," *Journal of*

Clinical Ethics 24 (2013): 125–34.

17　D. Wendler and A. Rid, "Systematic Review: The Effect on Surrogates of Making Treatment Decisions for Others," *Annals of Internal Medicine* 154 (2011): 336–46.

18　關於這項論點的更全面討論，可見於我的著作："Grief and End-of-Life Medical Decision Making," in J. Davis (ed.), *Ethics at the End of Life: New Issues and Arguments* (New York: Routledge, 2017), pp. 201–17.

19　Jessica Mitford, *American Way of Death* (New York: Simon & Schuster, 1963).

20　Caleb Wilde, "Five Ways Funeral Directors Can Bully Their Customers," Confessions of a Funeral Director, February 7, 2015, https://www.calebwilde. com/2015/02/five-ways-funeral-directors-can-bully-their-customers/, accessed March 24, 2020.

21　這並非否定，某些悲痛的人所作的選擇確實是為了紀念死者：Janet McCracken, "Falsely, Sanely, Shallowly: Reflections on the Special Character of Grief," *International Journal of Applied Philosophy* 19 (2005): 147，文中頗有建樹地稱之為悲痛的「奉獻」面向（dedicatory aspect of grief）。

第六章：悲痛的義務

1　Robert Solomon, "On Grief and Gratitude," p. 78.

2　"On Grief and Gratitude," p. 75.

3　"On Grief and Gratitude," p. 81.

4　"On Grief and Gratitude," p. 86.

5　"On Grief and Gratitude," pp. 97–98.

6　"On Grief and Gratitude," p. 98.

7　雖然不能說完全沒有爭議，道德的後果論者可能會堅持，有一個基本的道德義務（透過我們的選擇和行動，帶來最好的可能結果），與對特定人士應該善盡某些義務，其實僅是一種偶然的事實罷了：你對 S「負有」一份義務、對 T 一份義務等等，是履行這些義務後，會帶來最佳結果的合理後果。

8　John Danaher, "The Badness of Grief: A Moderate Defence of the Stoic View," *Philosophical Disquisitions* blog, May 2, 2018, https://philosophicaldisquisitions.

blogspot.com.au/2018/05/the-badness-of-grief-moderate-defence.html, accessed May 3, 2018.

9   有關在道德上虧待死者的可能性的近期研究，見：David Boonin, *Dead Wrong: The Ethics of Posthumous Harm* (Oxford: Oxford University Press, 2019).

10 Immanuel Kant, *Metaphysics of Morals*, 6:441. For more on Kant's views on duties to oneself, see Jens Timmermann, "Kantian Duties to the Self, Explained and Defended," *Philosophy* 81 (2006): 505–30, and my *Understanding Kant's Ethics* (Cambridge: Cambridge University Press, 2016), pp. 54–60.

11 *Metaphysics of Morals*, 6:419.

12 關於自我義務更全面的論證，見：Alison Hills, "Duties and Duties to Self," *American Philosophical Quarterly* 40 (2003): 131–42, and *Paul Schofield, Duty to Self: Moral, Political, and Legal SelfRelation* (Oxford: Oxford University Press, 2021).

13 Stephen Finlay, "Too Much Morality?" in P. Bloomfield (ed.), *Morality and Self-Interest* (Oxford: Oxford University Press, 2008), pp. 140–42.

14 *Justice as Fairness: A Restatement*, E. Kelly (ed.) (Cambridge, MA: Harvard University Press, 2001), pp. 58–60.

15 See, for instance, Thomas E. Hill, Jr., "Servility and Self-Respect," *The Monist* 57 (1973): 87–104, and Carol Hay, *Kantianism, Liberalism, and Feminism: Resisting Oppression* (London: Palgrave Macmillan, 2013).

16 Marcus Singer, "On Duties to Oneself," *Ethics* 69 (1959): 202–5.

17 Tim Oakley, "How to Release Oneself from an Obligation: Good News for Duties to Oneself," *Australasian Journal of Philosophy* 95 (2017): 70–80, and Daniel Muñoz, "The Paradox of Duties to Oneself," Australasian Journal of Philosophy 98 (2020): 691–702.

18 對自己承諾，會引發許多複雜的問題，這裡我不再詳述，最明顯的問題是如何區分對自己承諾做X，和僅打算做X，以及決心去做X之間的差別。

19 This line of reasoning echoes that of J. David Velleman, "A Right of Self- Termination?" *Ethics* 109 (1999): 606–28.

第七章：瘋狂與醫療

1 戲劇開頭時，哈姆雷特抱怨奧菲莉雅的情緒反覆無常，尤其她的愛幽微難測。

2 艾梅·歐伯丁（Amy Olberding，在私函中）報告說，中國思想對悲痛的討論中，似乎缺乏這種性別的互動。這並不是說，亞洲文化從未用瘋女的形式來描繪悲痛：佛教文獻中提到了像薇賽提（Vasetthi）這樣的女性，她在兒子去世後，裸身遊蕩街頭，住在垃圾堆或墓地中，還有迦沙喬達彌（Kisagotami），她帶著死去的幼兒屍體四處尋找能使他復生的藥物。

3 M. Stroebe, W. Stroebe, and H. Schut, "Gender Differences in Adjustment to Bereavement: An Empirical and Theoretical Review," *Review of General Psychology* 5 (2001): 62–83. See also Konigsberg, *The Truth about Grief*, chapter 7.

4 Konigsberg, *The Truth About Grief*, especially chapter 6.

5 Dideon, *The Year of Magical Thinking*, p. 34.

6 Wilkinson, "Is 'Normal Grief' a Mental Disorder?" p. 290.

7 有關這項論點──包括支持這些改變的人的觀點──的更持平討論，可見於：Serife Tekin, "Against Hyponarrating Grief: Incom- patible Research and Treatment Interests in the DSM-5," in S. Demazeux and P. Singy (eds.), *The DSM5 in Perspective* (Dordrecht: Springer, 2015), pp. 180–82.

8 Arthur Kleinman, "Culture, Bereavement, and Psychiatry," *The Lancet* 379 (2012): 609.

9 有關醫療化的富有洞見的討論，見：Carl Elliott, *Better than Well* (New York: Norton, 2003); Peter Conrad, *The Medicalization of Society* (Baltimore, MD: Johns Hopkins University Press, 2007); Alison Reiheld, " 'Patient complains of...' : How Medicalization Mediates Power and Justice," *International Journal of Feminist Approaches to Bioethics* 3 (2010): 72–98; and Erik Parens, "On Good and Bad Forms of Medicalization," *Bioethics* 27 (2013): 28–35.

10 James Hawkins, "Complicated Grief—How Common Is It?" *Good Medicine*, January 28, 2016, http://goodmedicine.org.uk/stressedtozest/2015/09/complicated-grief-how-common-it

11 Christopher B. Rosnick, Brent J. Small, and Allison M. Burton, "The Effect of Spousal Bereavement on Cognitive Functioning in a Sample of Older Adults,"

Aging, Neuropsychology, and Cognition 17 (2010): 257–69.

12　H. C. Saavedra Perez, M. A. Ikram, N. Direk, and H. G. Prigerson, "Cognition, Structural Brain Changes and Complicated Grief: A Population-based Study," *Psychological Medicine* 35 (2015): 1389–99.

13　L. Ward, J. L. Mathias, and S. E. Hitchings, "Relationships between Bereavement and Cognitive Functioning in Older Adults," *Gerontology* 53 (2007): 362–72.

14　F. Maccalum and R. A. Bryan, "Attentional Bias in Complicated Grief," *Journal of Affective Disorders* 125 (2010): 316–22.

15　Ward et al., "Relationships between Bereavement and Cognitive Functioning in Older Adults."

16　為證實這一點，在相關的研究中，受試者被要求完成激發死亡和悲痛想法的認知任務，例如卡片配對或分類，其中一些會包含與死亡和悲痛相關的詞彙，另一些則沒有。Maccalum and Bryan, "Attentional Bias in Complicated Grief"；P. J. Freed, T. K. Yanagihara, J. Hirsch, and J. J. Mann, "Neural Mechanisms of Grief Regulation," *Biological Psychiatry* 66 (2009): 33–40; and M. F. O'Connor and B. J. Arizmendi, "Neuropsychological Correlates of Complicated Grief in Older Spousally Bereaved Adults," *Journals of Gerontology B, Psychological Sciences and Social Sciences* 69 (2014): 12–18. N. Schneck et al., "Attentional Bias to Reminders of the Deceased as Com- pared with a Living Attachment in Grieving," *Biological Psychiatry: Cognitive Neuroscience and Neuroimaging* 3 (2018): 107–15.

17　Mary-Frances O'Connor et al., "Craving Love? Enduring Grief Activates Brain's Reward Center," *NeuroImage* 42 (2008): 969–72.

18　H. Gundel et al., "Functional Neuroanatomy of Grief: An fMRI Study," *American Journal of Psychiatry* 160 (2003): 1946–53; M. F. O'Connor, "Immunological and Neuroimaging Biomarkers of Complicated Grief," *Dialogues in Clinical Neuroscience* 14 (2012): 141–48; A. C. Silva et al., "Neurological Aspects of Grief," *Neurological Disorders* 13 (2014): 930–36.

19　Shulman, *Before and After Loss: A Neurologist's Perspective on Loss, Grief, and Our Brain*.

20　Kay Redfield Jamison, *Nothing Was the Same: A Memoir* (New York: Vintage, 2011), p. 5.

22 泰金在《反低敘事性悲痛》（*Against Hyponarrating Grief*）第186頁中表示擔憂，泰金聲稱DSM的分類是「低敘事性的」（hyponarratives）分類，將「患者整體生活中，與自我相關和特定層面統括了起來」，使他們的疾病看起來不過是行為的「劇目」（repertoire）。關於精神障礙類別，如何因忽略自我及自我敘述的作用，而可能防礙治療上類似的探索，見：Tekin, "Self-concept Through the Diagnostic Looking Glass: Narratives and Mental Disorder," *Philosophical Psychology* 24 (2011): 357–80, and Tekin and Melissa Mosko, "Hyponarrativity and Context-specific Limitations of the DSM-5," *Public Affairs Quarterly* 29 (2015): 109–34.

23 A possibility entertained by Wilkinson, "Is 'Normal Grief' a Mental Disorder?" p. 304.

24 Loretta M. Kopelman, " 'Normal Grief' Good or Bad? Health or Disease?' " *Philosophy, Psychiatry, and Psychology* 1 (1995): 209–40.

25 "The Looping Effects of Human Kinds," in D. Sperber, D. Premack, and A. J. Premack (eds.), *Causal Cognition: A Multidisciplinary Debate* (Oxford: Clarendon Press, 1995), pp. 351–83.

26 Konigsberg, *The Truth About Grief*.

27 See James W. Pennebaker, "Putting Stress into Words: Health, Linguistic, and Therapeutic Implications," *Behavior Research & Therapy* 31(1993): 539–48; and "Writing about Emotional Experiences as a Therapeutic Process," *Psychological Science* 8 (1997): 162–66.

28 有關敘事在悲痛體驗中的中心地位，見：Paul C. Roseblatt, "Grief across Cultures: A Review and Research Agenda," in W. Stroebe et al. (eds.), *Handbook of Bereavement Research and Practice* (Washington, DC: American Psychological Association, 2008), p. 211.

29 Tekin, "Against Hyponarrating Grief," p. 190.

30 Vaishnav Krishnan and Eric J. Nestler, "The Molecular Neurobiology of Depression," Nature 455 (2008): 894–902; and Longfei Yang et al., "The Effects of Psychological Stress on Depression," *Current Neuropharmacology* 13 (2015): 494–504.

結論

1 大多數動物學家認為，某些物種（如鯨魚、靈長類動物、大象等）對死亡有一定的理

解，且會有類似悼念儀式的行為。然而對於這些動物是否擁有情感或認知能力，使這些行為成為悲痛的表現，仍存在爭議。見：Barbara J. King, *How Animals Grieve* (Chicago: University of Chicago Press, 2008), and Jessica Pierce, "Do Animals Experience Grief?" *Smithsonian*, August 24, 2018, https://www.smithsonianmag.com/science-nature/do-animals-experience-grief-180970124/

2　Ernest Becker, *The Denial of Death* (New York: Simon & Schuster, 1973); Stephen Cave, *Immorality: The Quest to Live Forever and How It Drives Civilization* (New York: Crown, 2012), pp. 16–21; and Sheldon Solomon, Jeff Greenberg, and Tom Pyszczynski, *The Worm at the Core: The Role of Death in Life* (New York: Random House, 2015).

3　*Breathless*, directed by Jean-Luc Godard (Les Films Impéria, 1960). 這句對白顯然出自William Faulkner的小說《The Wild Palms》（New York: Random House, 1939）。

4　Julianne Chung, "To Be Creative, Chinese Philosophy Teaches Us to Abandon 'Originality,' " *Psyche*, September 1, 2020, https://psyche.co/ideas/to-be-creative-chinese-philosophy-teaches-us-to-abandon-originality

5　有關我所論述的悲痛過程，與其他創傷之間的相似之處，見：Susan J. Brison, "Trauma Narratives and the Remaking of the Self," in M. Bal, J. Crewe, and L. Spitzer (eds.), *Acts of Memory: Cultural Recall in the Present* (Hanover, NH: University Press of New England, 1999), pp. 39–54.

6　Chung, "To Be Creative, Chinese Philosophy Teaches Us to Abandon 'Originality.' "

索引

A

absence of grief, 28, 32, 76-78, 135-38, 183, 209n25. See also quasi-grief

activity, grief as, 27, 55-58, 82-86. See also dialectical activity

afterlife, 71-73, 141

Albom, Mitch, *Tuesdays with Morrie*, 187

alcoholism, 186

alienation. See disorientation

American Psychiatric Association, 176

amputation, experience of another's death likened to, 42, 66, 93-94

animals, 193, 219n1

anticipatory grief, 149-52, 200

arationality of grief, 29, 134-38

Aristotle, 114

attachment, 37-38, 137, 149-53

attention:

    cognitive deficits resulting from altered, 179-80;

    defined, 59-60;

    degradation of, 17-18, 24;

    grief as specific form of, 27, 59-60, 96;

    on one's relationship with the deceased, 91-92, 103-4, 137-38;

    rationality of grief and, 144-46;

    self-knowledge arising from, 96.

    See also disorientation

Attig, Thomas, 210n39

Augustine, Saint, 120-123, 130

avoidant attachment style, 137

B

bewilderment, as feature of grief, 23, 84-89, 94-95, 120-21. See also disorientation

blogs, 23

Bowie, David, 34

Bowlby, John, 52

Brady, Michael, 59, 116-17

brain, 180-81

Brewer, Talbot, 126

Burton, Richard, 197

C

Callard, Agnes, 126

Camus, Albert, *The Stranger*, 76-78, 112, 157, 182, 186

inquiry into, 134;

and over-intellectualization of grief, 98-101;

as irrational, 29, 134, 138-42;

necessity of, 194, 213n1;

and the pain of grief, 122-31;

and the role of emotions, 98-100.

See also cognitive deficits; irrationality of grief; mental health and therapy; truth, in relation to grief

Rawls, John, 168

recovery from grief, 106-9, 187

regret, 106-9, 172

relationship with the deceased:

attachment as feature of, 37-38, 137, 149-53;

complexity of, 69-70;

crises of, 28, 67-69, 89-91, 92-96, 152;

emotions associated with, 69-70, 84;

end-of-life choices and, 148-53;

failure to grieve as instructive about, 209n25;

formation of healthy, 104-5;

funeral and disposition choices and, 153-56;

intimacy as feature of, 33-35;

loss of, as object of grief, 27-28, 32,

65-74, 211n62;

love as feature of, 36, 86-88, 89;

practical identity investment in, 39-46, 65-69, 72, 86-92;

quasi-grief lacking in attention to, 127, 137-38;

rationality of grief evaluated by, 135, 137-38, 142-48;

resilience and recovery relating to, 106-9;

temporalities of, 86-92;

transformation-after death-of, 65-71, 89-91, 104-8, 194-95;

understanding of, resulting from grief, 28, 88-89

remarriage, 197-98

resilience, 106-8

Rilke, Rainer Maria, 3

role models, 41, 45

S

sadness, as feature of grief, 50, 55, 59, 106-9

Schut, Henk, 90, 91

scripts, for grief, 188

the self:

accountability to, 171;

diminished well-being of, as cause of

US 006

悲痛：關於生命逝去的哲思
Grief: A PHILOSOPHICAL GUIDE

作　　者	邁克爾·喬比（Michael Cholbi）
譯　　者	柯清心
責任編輯	李冀
美術設計	蘇淑玲

總 經 理	伍文翠
出版發行	知田出版 / 福智文化股份有限公司
	地址 / 105407 台北市八德路三段 212 號 9 樓
	電話 / (02) 2577-0637
	客服信箱 / serve@bwpublish.com
	心閱網 / https://www.bwpublish.com
法律顧問	王子文律師
排　　版	陳瑜安
印　　刷	富喬文化事業有限公司
總 經 銷	時報文化出版企業股份有限公司
	地址 / 333019 桃園市龜山區萬壽路二段 351 號
	服務電話 / (02) 2306-6600 #2111
出版日期	2023 年 10 月　初版一刷
定　　價	新台幣 400 元

ISBN　978-626-97206-5-1

悲痛：關於生命逝去的哲思 / 邁克爾·喬比（Michael
Cholbi）著；柯清心譯 . -- 初版 . -- 臺北市：知田出版，
福智文化股份有限公司 , 2023.10
　　面；　公分 . -- (US；6)
　　譯自 : Grief: a philosophical guide.

　ISBN 978-626-97206-5-1（平裝）

　1. CST: 悲傷

176.52　　　　　　　　　　　　　　112014056